寺岡　寛
Teraoka Hiroshi

神戸発展異論

もうひとつの地域経済論

信山社
SHINZANSHA

はしがき

だれしも地域について語りうる。

もっとも、一定期間住んだ地域、過去に訪れた地域など、地域にもいろいろある。地域は、語る人たちによって、実にさまざまな姿をみせる。

とはいえ、生まれ故郷となると、別格だ。故郷（ふるさと）という言葉には、人びとの思いが反映される。ただ単にそこで生まれたというだけではない、何かがある。生まれも育ちもという物言いもある。他方、そこで生まれても、他の地に転居すれば、生まれ故郷への思いは異なる。故郷の記憶には、時間の長短が投影されやすい。

金沢生まれの小説家に室生犀星（一八八九～一九六二）がいる。彼を知らなくとも、彼のつぎの詩の一節を知っている人は多いはずだ。『抒情小曲集』（大正七［一九一八］年）の一節である。

　ふるさとは遠きにありて思ふもの、
　そして悲しくうたうもの、
　よしや、
　うらぶれて異土の乞食（かたい）となるとても、
　帰るところにあるまじや

わたしは神戸に生まれ、神戸で育った。造船所や関連の町工場が密集する地域だった。人生の前半は大阪を仕事場とし、――途中、東京暮らしもあったが――、神戸から通勤した。大阪からすれば、神戸はベッドタウンであった。その後、仕事場は名古屋の大学へと移った。週のうち、講義や調査、会議のある日は名古屋で暮らし、神戸へは大体、週末に帰る、そのような生活を三〇年近く送っている。

わたしの場合、神戸を思い出すときに、いつも脳裏に浮かぶ事件がある。その事件は、昭和三四［一九五九］年正月明けの午後に起こった。

自宅の裏玄関を出たとき、経験したことのない大音響とともに地面が大きく揺れた。とっさに空を見上げると、四角くて黒い物体が宙を舞っていた。あとでわかったことだが、鉄板だった。なぜ、鉄板が飛来したのか。理由を知ったのは、翌日だった。自宅から歩いて一五分ほどの小学校へ登校して朝一番の教室で、担任の先生から聞いたのか。あるいは、朝の食卓で、家族が朝刊の記事を読んで、話題にしたのか。その辺りのわたしの記憶はおぼろげだ。いずれにせよ、自宅から数百メートルほど先の造船所で、修理中のタンカーが大爆発したのだった。

神戸を思い出すとき、この爆発事故はわたしの記憶回路で甦る。大げさかもしれないが、日本社会を考える際、この大事故はわたしの原点となった。理由は序論でふれる。

「ふるさとは遠くにありて思ふもの」とは、故郷への物理的距離感だけではない。過去と現在という時間的距離感にも当てはまる。その意味で、わたしにとって、故郷＝神戸のイメージは、タンカー爆発事故であった。

わたしの場合、人生の前半は「ふるさとは近くにありて思ふもの」であり、後半は「ふるさとはそこそこ遠くにありて思ふもの」であった。その間に、外国にも数度住んだ。この間は、「ふるさとはきわめて遠きにありて思ふもの」であった。

では、「遠きにありて」の「遠き」とはなんだろうか。それは物理的距離感と心理的距離感から成り立つ。この距離感は、ここわずか四半世紀あまりで、交通・通信技術の発達によって縮まった。室生が「ふるさとは遠きにありて」と詠んだ金沢も、いまでは新幹線で東京から三時間である。

だが、現代人にとっても、「ふるさと」は、やはり故郷なのである。人はどこに住んでも、生まれ故郷への思いは強い。故郷を離れた人たちが複数集まれば、その思いはさらに倍加される。実は、この本はそのような経験から生まれたものだ。

名古屋に生活拠点をもつ、わたしの故郷の高校の同窓生が集まったことがあった。はなしはいつからか、食べ物のことになった。どこそこの何がうまい、でも、東京のは暖簾分けした店とはいえ、味は本場とは別物だ、とグルメ談義に花が咲いた。もっとも、この種のはなしは、多少、割り引いて聞いておくものである。

人の味覚などは、生まれ育ったなかで、基準が決まる。人は故郷でなく「異郷」で歳を重ねると、故郷への思いはかくも強いものかと思う。その感覚は、鮭が生まれ育った川へと帰る帰巣本能のようなものかもしれない。

ずっと故郷を離れずに生活する同級生とは、同窓会などでたまに再会しても、故郷話で盛り上がることはまずない。それが、東京生活組とは、たわいのない故郷話で盛り上がったりする。人は毎日生活している地域に対しては、敏感ではないのかもしれない。離れて生活して、はじめて気づくことが多い。こうした経験もあり、無性に「わたしの神戸論」を書きたくなった。

実は、神戸について、書くのはこれが初めてではない。以前に、神戸に象徴的な建築物を多く残した一人の建築家を中心に、『タワーの時代―大阪神戸地域経済史―』を著した。これは神戸だけではなく、大阪も含め、タワーという建築物を通してとらえた阪神経済の発展史論であった。この本ではもっぱら歴史を扱った。刊行後、いつか神戸の現状分析と今後のあるべき発展方向を描いてみたい、と思った。その余熱もまだ残っていた。

また、神戸生まれ神戸育ちで東京に生活する息子たちが、神戸へ帰省するたびに、我が故郷は寂しくなるばかりだ、というのも長い間、気になっていた。

わたしは、ずっと神戸にいるわけではない。結果、地元にあっては空気のように流れている神戸常識には疎い。だが、それは別段悪いことではない。

何事にも常識にとらわれず、地元人にはわからない半分程度アウトサイダー的な見方は大事なのだ。本書をシンプルに『神戸発展異論』とした理由の過半はここらあたりにある。『神戸発展論』でもよいのだが、多分、多少ずれた見方にもなっているだろうと、「異論」とした。わざと「異なる」見方を無理やりにも持ち込もうとしたのではない。神戸の今後のバランスある真の発展を願って、わたしの神戸論を書いてみた。

二〇二一年一一月

寺岡　寛

目次

序論　どうして鉄板が飛んできたのか

溶接中のタンカー爆発〈神戸〉・原油ガスに引火……三〇〇メートル離れたガラス割る……一トン爆弾のようだった（近くの商店主談）。

（神戸新聞朝刊　昭和三九年一月八日）

子どもの頃の記憶は、ときとして鮮明である。その鮮明さが生まれ故郷のある種の原風景をかたちづくる。記憶が自然などの景観である場合には、原風景はなだらかで静態かもしれない。記憶が災害や事故であれば、原風景は強烈で動態的なものになる。

わたしの場合は、あきらかに後者だった。タンカー事故という記憶によって、生まれ故郷への思いやとらえ方は、当然ながら鮮明でまた、強烈なものになった。

少年期の記憶は必ずしも正確ではない。だが、大筋はぶれない。対象が非日常的であればあるほど、記憶は脳裏に焼き付く。

1

その日、わたしが自宅の裏口から出ようとした、そのとき、地面を揺り動かすほどの大音響が襲った。裏戸が音をたてて外れた。とっさに空を見上げた。黒い物体が放物線を描いて下降してきた。わたしの目線からは意外と近かった。翌日、それは船の甲板の一部の四角い鉄板だったとわかった。

事故翌日の朝一番、担任の先生がみんなに被害調査票を配ったことはよく覚えている。先生が「持って帰って、家の人に記入してもらいなさい」と言っていた。その傍らで、同級生たちが家の窓ガラスが割れたと言い合っていた。その光景はわたしの記憶に鮮明だ。

長い間、これは小学六年生の夏休み中の出来事だと思い込んでいた。だが、「神戸新聞」のマイクロフィルムで、夏休み前後の記事を検索してみても、見当たらなかった。ふとしたきっかけで、昭和三九［一九六四］年一月八日（水）の「神戸新聞」朝刊一三面にタンカー爆発事故の報道記事を見つけた。

一月八日付けの記事を紹介しおく。

見出しに「溶接中のタンカー爆発〈神戸〉」とある。

その左に事故現場と周辺の簡単な地図がある。現場＝神戸ドックから数百メートル北に、わたしの小学校があり、自宅は現場から西北にやはり数百メートルであった。記事前文「原油ガスに引火、吹き飛ばされ二人即死」に続いて、事故はつぎのように報じられた。

「七日午後三時ごろ、神戸市兵庫区西出町三二九、神戸船渠工業（神戸ドック）の浮きドック上で修理中の東京都港区柴田村町、兼井物産のタンカー第八兼油丸（一五〇三重量トン）の左ゲン一番タンクが、大音響とともに爆発した。同タンク上の鉄甲板（厚さ八ミリ）が約三十平方メートルにわたってめくれて裂け、溶接作業中の同ドック下請け業千代田工業所＝兵庫区川崎町＝の工員……（四一）……同（一六）……の二人が吹き飛ばされて即死、他に工員など四人が軽い傷を受けた。爆発原因は神戸水上署、神戸海上保安部などで調べているが溶接の火花が、タンク内に発生した原油ガスに引火したもの。」

中見出しに、「三〇〇メートル離れたガラス割る」とある。その横に爆発後のタンカーの左舷から撮影された写真が掲載されていて、左舷先頭部分が爆発で大きく内部から裂けたことがわかる。写真は爆発の衝撃の大きさを示していた。記事によれば、第八兼油丸は船底のペンキの塗り替えのために、一月五日に和歌山県下津港から空船のまま神戸ドッグに入り、翌日の六日午前九時半にガス検知器で八個の全タンクのガス発生を検査した。「ガスの発生がほとんど認められなかったため、七日午後三時から……三人が溶接作業にとりかかったとたん、爆発事故となったもの」と報じている。

作業は甲板からタンク内におりている直径六センチの測深パイプ（サウンディング・パイプ）の入口に、電気溶接で小さなリングをとりつける予定であった。

船舶部長の説明では、「同船はドッグ入り前、紀伊水道で蒸気および海水で、からタンクを十分に洗い流してきたが(*)、それまでの積み荷だった原油は重油と違って揮発性が強く、タンク内の含有率〇・〇五パーセントで引火爆発する危険なものであるところから、前日以来の気温上昇で、タンク壁などにわずかに残っていた原油がガス状となったものらしい」「タンク内に発生したガスは、すでに溶接のスパーク点まで充満していたと思われる。」さらに、「社内規則として、そうすることを原則としていた。ただ寒い季節なので、一日の間にこんなに多量のガスが発生するとも思わなかった」という説明もある。

＊現在では、海洋汚染防止からこのようなことは考えられない。国際海事機関によって海のプランクトンや微生物生態系を保護する目的から船舶のバラスト水などの浄化が義務附けられるようになった。

最後に「揮発性の強いガソリン・タンカーなどの修理はしばしばやっているので、同じく揮発性の強い原油タンカー第八兼油丸の修理に、まったく未経験だったわけではない。しかしなくなった人たちに対しては、なんともおわびのしようがなく、すまないと思っている」という同社の社長談も、紹介されている。

事故の凄まじさは、八ミリの甲板が一瞬でめくれたこと、甲板上の起重機がへし折れ、作業員が約二〇メートル先の浮きドックの壁面まで吹き飛ばされたこと、大爆発音とともに数メートルの火柱が立ったこと、から分かる。さらに、爆風で周辺の家が揺らぎ、二〜三〇〇メートルの範囲で事務所や民家の窓ガラスが割れ、爆発音は兵庫区の隣の長田区を走っていたタクシーの乗客にも聞こえたという。「戦場でいうなら一トン爆弾を近くで受けた感じ。ドカンという音で二階建ての事務所が上下にゆれ、全部のガラスは一度にわれた。わたしはちょうど窓ぎわにすわっていたので、なにが起こったのかわからず机にからだをふせるのがやっとだった」という近くの商店主の談話も載っている。

その日の夕刊五面に、続報記事があった。「本格的調査はじまる。神戸のタンカー爆発事故　船内捜索、書類押収」の見出し記事である。全文を引用しておく。

「神戸水上署、兵庫県警、神戸地検は、神戸ドックでのタンカー爆発事件について八日朝、業務上過失致死傷の疑いで同社事務所および第八兼油丸（一五〇三重量トン）の船内を捜査、関係書類や電気溶接機、ガス検知器などを押収するとともに、溶接作業の直前にガス検査をしなかった会社側に事故防止の手落ちがなかったか、関係者の本格的調査をはじめた。またタンクに残っていた原油の気温変化によるガス化状態を調べるため、同船が最後に運んだ海南市、富士興産から同質の原油二リットルを取り寄せることにした。兵庫労働基準局も労働基準法の労働安全衛生規則の違反があるかどうかの調査を始めている。」

このタンカー爆発事故については、神戸市消防局『昭和三九年神戸市消防年報』にも出動記録が残っていた。事故発生は一月七日一四時五六分、消防車など七台、消防士二六名が出動、災害程度は「油槽船左舷油槽室三〇平方メートル大破及び付近一〇〇メートル内住家、事務所、窓ガラス破損、死者二名、傷者四名」と記されている。

2

神戸は、港湾と造船の町として発展してきた。神戸船渠工業の浮きドックの周辺は、小学生の遊び場でもあった。父の経営する陸運会社の事務所からも、この浮きドックはまじかに見えた。その先には川崎重工の潜水艦の建造所があり、時折、公試中の潜水艦が浮いたり沈んだりした。さらに、反対側には三菱重工の神戸造船所があった。瀬戸内海を航海する機帆船(*)が出入りし、岸壁には倉庫も林立していた。神戸船渠や川崎造船所から小学校へ通う途中には、土間に旋盤を並べた小さな鉄工所が細い路地にあり、船舶関係の製品を扱う船具屋も多かった。

＊機帆船——いまでは馴染みのない船舶となった。推進用の動力エンジン—焼玉エンジンや小型のディーゼルエンジン—をもった帆船である。一般に外洋航路の蒸気鋼船に対して、瀬戸内海などの沿岸航路用の帆と内燃エンジンをもつ木造船を指した。

級友には、サラリーマン家庭は少なかった。多くの親たちは、造船業や船舶関係に従事していた。神戸船渠（神戸ドック）など造船関係に務めている家庭の同級生もいたし、また、部品などの町工場—当時は鉄工所といったように思う—や、父親が船員をしている家庭も多かった。

わたしが小学校時代を送った昭和三〇年代、この地域は、造船工たちが行き交い、瀬戸内海を行き来する機帆船が港に停泊し、沖仲士たちが船と岸壁の間に板をかけ、一日中あわただしくトラックの荷台へと荷を担いで、行き来する活気のある場所であった。わたしの父も、沖仲士たちを何人も雇っていた。それは、造船・港湾の神戸を象徴する地域風景の一つであった。

この地域は元は、兵庫津といわれ、意外と歴史が古い。平清盛の時代以来の貿易港—当時は中国宋との貿易—で、後に、小さな城も築かれ、わたしが通った公立中学校への通学路には、船大工町など造船にゆかりの地名も残っていた。船大工など職人、町人や海運業者に加え、卸売業者などの集積地でもあった。この地域には、明治維新に先立つ港湾前史があった。明治維新後、兵庫川崎浜—東出町—に官営兵庫造船所が設立された。その後、工部省の兵庫製作所がこの地区に移転し、兵庫造船所となった。

神戸での造船業の発展は川崎造船所の歩みと軌を一にした。川崎造船所は、川崎正蔵(*)が東京築地に明治一一［一八七八］年に設立した川崎築地造船所に起源がある。川崎兵庫造船所は明治一四［一八八一］年に生まれた。

＊川崎正蔵（一八三七～一九一二）——鹿児島の商家に生まれる。若くして長崎に出て修行、二七歳のときに大阪で物産店を起こす。明治維新後に大久保利通などの知己を得て、造船業につながる。

その前年、明治政府は官営工場の民間払い下げ方針を決定。官営兵庫造船所は、明治一九［一八八六］年、川崎正蔵に払い下げられ、東京築地の造船所も神戸に集約された。その後、川崎造船所の事業は、明治二七［一八九四］年の日清戦争の勃発で急拡大し、川崎造船所は明治二九［一八九六］年に株式会社となった。同郷の政治家・財政家松方正義（一八三五～一九二四）の三男幸次郎（一八六五～一九五〇）が後継社長に就任し、幸次郎の積極的な設備投資によって、川崎造船所は発展した。川崎造船所を印象づけたガントリークレーンの完成は、明治最後の年である。

川崎造船所は商船だけではなく、水雷艇、駆逐艦、潜水艦、航空母艦など海軍艦艇も建造する日本を代表する艦艇造船所の一つとなった。同時に、鉄道車両や橋梁などの陸上構造物の製造や海運業へも別会社を設立して進出するなど、経営を多角化させた。昭和一四［一九三九］年、社名を川崎重工業とした。しかし、太平洋戦争末期、造船所は空襲で大被害を受けた。

神戸造船業を代表したもう一つの造船所は、三菱重工業神戸造船所である。創業は明治三八［一九〇五］年。神戸市兵庫区和田岬で商船のほかに、海軍艦艇をつくっていた。また、神戸船渠工業は、大正八［一九一九］年、東出鉄工所として創業された。タンカー、貨物船、フェリー、官庁船、火力発電用の空気余熱機などの修理造船所として、発展した。

残念ながら、川崎造船所や三菱重工造船所も、韓国や中国の造船業の発展によって、整理再編を迫られつつ現在に至っている。神戸船渠工業—神戸ドック工業—も、阪神・淡路大震災による工場の被災に加え、復興費用の負担増や船舶修理需要の低迷で経営が悪化、平成二二［二〇一〇］年九月に神戸地方裁判所へ民事再生法適用の申請を余儀なくされ、翌年、新神戸ドック工業へ事業継承された。

江戸期から木造船がつくられていた近代的な造船所が立地したのは、明治期以降であった。この地域に、東出町や西出町は造船業中心の産業集積地となった。その後、日本の造船業は、かつての造船王国の欧州諸国の造船業を追い上げ、やがてその衰退を促した。しかし、日本の造船業は、一九八〇年代以降、韓国の台頭で大きな変容を迫られた。現在は中国造船業の成長も著しい。韓国造船業もまた、かつての欧州や日本の造船業と同様に、新たな存立基盤の確立を迫られている(＊)。

＊詳細はつぎの拙著を参照。寺岡寛『瀬戸内造船業の攻防史』信山社（二〇一二年）。

タンカー爆発事故が起こった一九六〇年代は、日本の造船業が既存船舶の修理や小型漁船、国内沿岸旅客輸送の小型船舶の建造中心の敗戦復興期から脱した頃であった。国内に加えて海外向けの中型・大型船舶建造の急成長期を迎えつつあった。既存ドックの拡充だけでなく、新規ドックが京浜工業地帯や阪神工業地帯の周辺部にも建設された。

主要造船所の竣工実績は、一九六〇年からわずか五年間ほどで三・五倍以上に急拡大した。造船従事者も急増した。学校の行き帰りに、造船工がせわしなく働く姿があった。神戸ドックの浮きドックにはいつも船があった。ドック周りを忙しく動き回る作業員の姿や、スパーク溶接の光と独特の匂いがいまもわたしには懐かしい。

当時の運輸省の統計数字を見る限り、本工の数は年により変動するものの、さほど変化はしていない。増加が見られたのは社外工である。

社外工数の変動は激しい。世界経済によって船腹数の需給に影響を受ける造船業は、社内工ではなく請負工である社外工の数を変動させて景気変動に対応した。とりわけ、大手造船所に比べ、中堅以下の造船所ではその傾向が強かった。船舶修理専門の神戸船渠工業の場合も、亡くなった二人の作業員のような社外工が多く働いていた。むろん、当時小学生のわたしには、そのような区別などつくはずはない。

現在の船舶修理大手の造船所でも、社外工の割合は三〇％となっている。

3　爆発事故が起きた昭和三九［一九六四］年は、東京オリンピックが行われた年でもあった。東京オリンピックとタンカー爆発事故は、わたしのなかでは分かちがたい記憶として残っている。

わたしには、タンカー爆発事故で思い出すもう一つの記憶がある。一番はむろん、爆発事故そのものの怖さであるが、もう一つは、亡くなった作業員が、わたしの良く知る造船所の人たちではなかったという事実だった。なぜそのような社外の人たちが、爆発事故で亡くならざるを得なかったのか。当時、小学生のわたしは不思議でならなかった。

爆発事故については、その後、大学の安全工学―爆発や誘爆防止―の講義のなかで、爆発のメカニズムを理解した。他方、社内工と社外工―下請け作業員―との関係については、地方自治体で造船産業の調査を担当したときに、そのメカニズムを知ることになった。

わたしにとって、より重要であったのは後者である。大阪府下造船産業の実態調査のときに、造船所の構内下請組合の事務長から「三K」という言葉を教えられた。つまり、「厳しく、危険で、汚い仕事」は本工ではなく、季節工や臨時工など社外工が担当することが多いのだという。季節工には、農閑期を利用した地方からの出稼ぎ工なども いた。

戦後、国内外の船腹需要の急拡大で、順調な成長を遂げてきた日本の造船業であったが、一九七〇年代後半から、世界的な船腹過剰の下、過剰設備の処理と人員整理が同時並行的に進んだ。造船各社、とりわけ、大手や中堅―中手―は造船部門の見直し―縮小―と経営多角化に乗り出した。

政府も「特定不況産業安定基本法」の下、造船業界の過剰設備処理を行政指導した。この措置は、単なる設備削減だけではなく、社外工を中心に造船業従事者数を激減させた。その結果、わたしが調査した大阪の造船業でも、他地域に新設した効率性の高い船台を優先させ、大阪府下の船台能力を縮小させた。大阪の造船業は修繕に特化する経営方針へ転換した(*)。

＊世界の新造船建造量をみると、昭和五三［一九七八］年末の第二次石油危機後、昭和五五［一九八〇］年三月の過剰設備対応の第一次造船設備削減、昭和六〇［一九八五］年九月のプラザ合意、昭和六三［一九八八］年の第二次造船設備削減、平成九［一九九七］年七月のアジア通貨危機で建造量は落ち込むことになる。その後の大きな変化は、平成二〇［二〇〇八］年のリーマンショックのタイムラグ的影響をうけた平成二三［二〇一一］年である。

大阪府や神戸市の造船産業は、それまでの地域基幹産業の地位から大きく後退した。日本の造船業の中心は今治、尾道、呉など瀬戸内や九州へ移る(*)。問題は、地域経済を支えた主要産業衰退の影響の範囲である。造船業は加工組立型、かつ、労働集約的な産業の典型である。部品や加工を受け持つ中小工業群など造船関連分野のすそ野は広い。他方、労働集約的な組立工程は、より安価の労働力を常に追い求める就業構造を形成した。

＊この間に、あるいは、その後、造船企業の分社化と統合が進展していくことになる。三菱重工神戸造船所は従来の商船から潜水機種に特化している。川崎重工は香川県の坂出工場に商船建造を集約しつつ、神戸では潜水艦建造へ特化、造船事業規模の縮小をはかってきている。詳細については、つぎの拙著を参照。寺岡寛『瀬戸内造船業の攻防史』信山社（二〇一二年）。

造船業の衰退＝縮小・再編成は、地域経済を支えてきた部品・加工関連産業の転換を促し、同時に、労働市場にも影響を及ぼした。神戸市の産業構成が多層・多種であれば、影響はそこまで大きくなかったはずであった。地域経済が特定産業集中型ではなく、多種多様な産業から構成されていれば、その影響は分散されやすい。神戸の場合、造船業、鉄鋼、金属加工業に偏した産業構造からの脱却は容易ではなかった。

特定産業への特化は、その集積効果を通して一定時点まで発展する。それだけに、大規模事業所の他地域への移転、他地域での同一産業の追い上げが起これば、それまでの強みが弱みに容易に転化する。関連企業群、とりわけ、外注下請け関係にあった中小零細企業の集団的転換は、短期間ではむずかしい。

雁行的発展論(*)のように、競争力の優位性を失った産業に代わって、つぎつぎと新しい産業が生まれ、既存分野から新産業へと転換先を見つけることができれば、地域経済の活性化は可能だ。そのためには、競争力の中核をしめる技術的優位性が、つねに担保される必要がある。神戸の場合には、この循環がうまく働かなかった。港湾ハイテク都市や港湾文化都市などのスローガンの下で、港湾造船都市からの転換の模索はいまも続く。

＊産業構造の進展は段階的に複数の国に移行する経済発展パターンを指す。経済学者の赤松要（一八九六～一九七四）などが提唱した。先発国が新製品を生産し、後発国がそのような製品を輸入する。後発国は輸入品の国産化＝輸入代替を進め、製品輸出を行う。それによって、先発国はさらに新たな製品開発へ進むことになる。このサイクルが繰り返され、産業構造の転換が行われる。

外注・下請け関係は、大規模あるいは中規模事業所を頂点として階層的に形成されてきた。それだけに、上部から下部へと影響が拡大するまえに、外注・下請け企業の個々の転換能力が重要なのだが、外注・下請け関係は、閉じられた取引圏である。それだけに、他産業分野や他企業との自由な取引への参入意欲はどうしても萎える。開かれた取引圏への参入可能性は、容易には拡大しなかった。

なお、下請企業には、特定企業への取引依存度が高く取引継続が長期に及ぶ「専属下請」と、そうではない「浮動下請」がある。専属下請企業には、技術力や生産能力の高さゆえに、取引継続が行われてきたタイプが多い。浮動下請企業には、二つのタイプがあった。一つめは、技術力の高さゆえに、あらゆる企業に部品や製品を供給できる企業群である。下請企業というよりも自主独立企業である。二つめは、技術力の制約ゆえに、価格面でスポット的に発注をうける受け身型の企業群である。

下請け取引関係は、企業間の経済的優劣を反映する「タテの関係」である。それは、取引系列を超えた対等な「ヨコの関係」へはなかなか転換しえない。タテの関係は、企業間の賃金格差を取り込んでいる。タテの関係は、大量生産時代に生産効率の向上に大きな役割を果たした。つまり、決められた製品を「いかに」効率的につくるのか。それに適した社会システムであった。しかし、「何をつくるか」が重視される時代には、「ヨコの関係」が大きな役割を果たす。この点で、「タテ」から「ヨコ」への関係への移行が遅れたことが、神戸経済のみならず多くの地域経済の問題であり、現在の課題でもある。

それゆえに、産業構造転換の重要な起因である、一足飛びのようなイノベーションが強調されたりする。そして、イノベーションを促す企業集積＝産業集積のあり方が「クラスター論」で語られる。従来の産業集積や産地の概念とクラスターの概念が異なるのは、関与主体として企業のほかに、公的部門や大学・研究機関が重視されるからである。この関係はいわゆる「産官学」の協力体である。それらの機関の対等な協力関係の先にある「オープン・イノベーション」への成果に期待がかかる。

その際、大きな役割を果たすべきは、産官学のうちの「官」と「学」との協力関係ではない。「産」の中の企業間関係において、平等・対等な取引条件の下で、それぞれの企業のもつ潜在力によって新たな製品やサービスが生み出されるかどうかが重要なのである。諸外国の成功事例をみると、そのように思われる。

一九八五年のプラザ合意以降、先進諸国のアジア地域への直接投資＝生産拠点の移転が続く中で、製造業の世界的な再編成が進行した。部品調達の一層の世界展開も進んだ。世界中から価格や性能でもっとも合理性をもつ部品を集め、もっとも安価に組み上げる地域で最終製品を完成させる、そのような分業体制が作られてきた。結果、一層国境を超えた巨大な規模の企業――トランスナショナル・メガカンパニー――が生み出されてきた。

こうした中で、地域内あるいは国内での経済活動の自己完結性は崩れてきた。この変化は、地域経済に二つの方向への対応を迫った。一つめは、自己完結的な産業の維持の再構築、二つめは他者共存的な産業への転換である。つぎのように整理できる。

〈自己完結的な産業の維持〉――かつての地場産業のように、原料、中間加工、仕上げ加工が同一地域内サプライチェインで完結するケースである。そのうち原料の調達は地元から輸入に転換しつつも、地域内分業は維持されてきた。しかしながら、代替品の登場や消費者の生活スタイルの変化から消費市場が縮小するなかで、産業自体の縮小が進んできている分野も多い。機械製品の場合は、地域内での部品調達は地域から世界へと確実に移行した。この意味で、どこまでを地域の「自己完結的」関係とみるべきなのか、改めて問われている。とはいえ、新しい製品やサービスなど、初期段階で共同開発、あるいは試作などは、顔の見える地理的範囲で行うことが重要である。こうしたパートナーが地域内に存在することが、これからの「自己完結的」関係の再構築ととらえることも必要である。

〈他者共存的な産業への転換〉――日本経済が世界との連動性を高めた結果、地域経済も世界との連動性を高めてきた。その際、重要なのは、地域経済の雇用にプラスの影響をもたらす積極的な共存関係をいかに構築するかである。それには、素材、中間財、仕上げなどの最終加工をその地域に引きつける企業の存在が鍵を握る。そして、個別企業だけではなく、企業間の研究開発力を促進する外部経済効果をもたらすネットワークやその実質的範囲が重要である。また、企業のような組織ではなく、フリーランスや副業に関わる、質の高いローカル人材層の厚さも地域経済活性化には欠かせない。

神戸経済の将来に関して、この二つの視点から概観した場合、「自己完結的な産業の維持」よりも、「他者共存的な産業への転換」が重視されるべきである。つまり、サプライチェインの中で「神戸を通過させる」企業の層の厚さが重要である。神戸の産業構造が上手く転換しなかったのは、この点に理由がある。

神戸で生活したい人も多いであろう。だが、生活とは働くことでもある。神戸で生活するための、働く場があるのかどうか。

神戸の昼間人口と夜間人口の比は、関西での神戸の立ち位置を示す。神戸は周辺都市から昼間人口を引きつけるより、むしろ大阪へと昼間人口を押し出している。鉄道で神戸から大阪まではわずか三〇分ほどの通勤時間である。大阪勤務者のベットタウンとしての神戸の姿がみえる。大阪市に隣接する神戸市にとって、大阪市が景気後退時や産業再編時の雇用バッファーとして作用してきた。結果、神戸では経済衰退への危機感の醸成が遅れたともいえる。

その後、東京圏への一層の一極集中の下、大阪経済も停滞した。大阪が新たな産業の育成など再活性化に手間取るなか、大阪市は神戸市の労働人口の吸収余力を失っていった。

4

先の爆発事故はわたしが中小企業政策のあるべき姿を考えるときに、いつも起点になった。なぜ、「三K」という言葉に象徴されるような「厳しい」、「危険な」、「汚い」作業はしばしば本工ではなく、臨時工や下請工が担うのか。また、なぜ、そこに顕著な賃金など労働条件格差が存在するのか。その経済社会構造とはなんであるのか。(＊)

＊国土省海事局の調べでは、平成一二［二〇〇〇］年の日本の造船業従事者数は八三、一七五人―職員二〇、五四〇人、社内工二九、三七三人、社外工三三、二六二人―であり、平成二九［二〇一七］年は八一、四三七人―職員一五、九三〇人、社内工一九、二五五人、社外工四六、二五二人―である（いずれも四月一日時点）。日本の造船産業は職員や社内工など社内雇用数を削減しながら、もっぱら社外工を活用してきたことが読み取れる。他方で、中国、フィリピン、ベトナムなど外国人就労者数は溶接を中心に二、六〇〇人を超えている（平成二九［二〇一七］年現在）。

この事故が何を意味してきたのかを明らかにすることは、わたしにとって、下請け取引が象徴する企業間の「日本的」関係の解明でもあった。二人の下請作業員の命を一瞬に奪った事故は、その後もどこかで繰り返された。犠牲はいつも弱者側で発生する。

日本社会における弱者の存在は、企業間、あるいは雇用者と被雇用者との経済的優劣の二重構造の反映である。旧「中小企業基本法」―昭和三八［一九六三］年制定―は、「基本法」における政策目標を、「中小企業が国民経済において果たすべき重要な使命にかんがみて、国民経済の成長発展に即応し、中小企業の経済社会的制約による不利を是正するとともに、……中小企業の従事者の経済的社会的地位の向上に資することにあるものとする」とした。そして、その取り組みを「われら国民に課された責務である」と定めた。たとえば、「米国中小企業基本法（スモールビジネス・アクト）」などは、中小企業への助成を連邦議会の方針としたが、米国民の責務だとまでは規定していない。一九九九年の「中小企業基本法」の大改正までは、一九六三年の「中小企業基本法」は世界的に類をみないものであった。

一般に、日本の組織構成原理は集団主義的あるいは家族主義的といわれてきた。しかし、これは同一組織内の論理である。異なる組織では、経済的・社会的秩序観の下、平等あるいは水平的な関係ではなく、優劣あるいは垂直的な関係がたちまち表出する。なぜ、そのような階層構造になりやすいのか。

この種の経済社会学的分析は、わたしの一生を通じた研究テーマとなってきた。そこには、「メンバーシップ型」社会と、その下での「インナーサークル型」構造があった。いまも、この構造は厳然としてある。メンバーシップをもつインナーサークル的関係においては、平等性が担保されても、メンバーシップをもたない他者までにはその関係は拡張されない。

むしろ、インナーサークル内の安定性は、外縁部的な集団の「不安定性」によって支えられ、維持されているのではないか。これは現在の正規従業員と非正規従業員との待遇格差、男女間の格差の分析にも通用する。これこそが日本社会の大きな課題である。

この社会構造の下では、「タテ」の関係は構築できても、「ヨコ」の関係は形成されにくい。欧米諸国で起こったオープン・イノベーションが日本の経済社会では、起こりづらい。神戸については、しばしば外部に開かれた都市として喧伝されてきた。そうであるなら、神戸でこそオープン・イノベーションが起こりそうなものである。だが、そうでないとすれば、その解明へのヒントも「タテ」から「ヨコ」への関係が自然に構築されにくい社会の構造にあるのではないか。

日本社会では、現在、オープン・イノベーションを担うベンチャー企業興隆への期待が強い。その割には、ベンチャー企業はさほど登場しない。日本が範としてきた欧米ベンチャー企業は、大企業や官庁からのスピンオフ創業でもある。組織を跨いだ「ヨコ」の関係構築の遅れこそが、日本におけるベンチャー企業不振の背景にある。(*)

＊詳細については、つぎの拙著を参照。寺岡寛『中小企業の経営社会学―もうひとつの中小企業論―』信山社（二〇一八年）、同『小さな企業の大きな物語―もうひとつのエコシステム論―』信山社（二〇一九年）。

先に造船業についてふれたが、日本の追い上げで、欧州諸国の主要造船産地―集積地―は衰退した。たしかに、造船産地としては衰退した。だが、中小ながらも世界的な部品専門企業が現在も活躍する。「国破れて山河在り」になぞらえれば、産地衰退して専門型中小企業あり、である。

いうまでもなく、産地活性化には、つねに新たな人材の参入が不可欠である。だが、現在の若者―すくなくともわたしが接している学生たち―から、造船業へ入職しようという意欲や意気込みはみえてこない。一九七〇年代、工学分野での成績上位者は造船工学を専攻したものだった。流れは大きく変わった。造船不況、さらには韓国や中国の追い上げで、日本の造船業が縮小し始めると、工学分野の専攻選択は他の輸送機器分野―とりわけ、自動車など―へと移った。現在は、製造業全般について学生の興味は薄れた。

一九六〇年代までは、学生の就職志向は繊維産業であった。それが、やがて、機械・金属分野での加工組立産業への人材配置が進み、機械機器産業でも、人の流れは造船から電気機器や自動車などの輸送機器、精密機器へと変化してきた。現在は、ハードであるコンピュータ機器からソフト分野へ、さらには情報通信分野―ICT, Information and Communication Technology―へと、若者たちの意識は確実に変化した。

そうした下で、ものづくりの重要性が語られるが、若者たちの製造業への意識は変わってきた。ものづくりの「もの」への意識そのものが変化した。中国などアジア諸国で作られた製品だけではなく、ハイテク製品についても日本製品へのこだわりは、かつての世代ほどにはない。こうした現状の下では、「ものづくり」の「もの」を新たに生み出す次世代の育成は難しい。しかし、それなしには、新産業への展望は容易に拓けない。

現在の神戸は、日本の現状そのものでもある。神戸のあるべき発展方向は、日本社会のあるべき方向の一つである。新たな方向性は日本社会が本来保持していた多様性から生まれるのではないだろうか。産業の多様性とは、住環境、生活環境、生活の楽しさと刺激がある総合環境から生まれる。

「神戸っ子」という言葉がある。この表現は、ともすれば、神戸で生まれ育った生粋の人たちと思われがちだが、「神戸っ子になる」という人たちこそが、神戸に大きな刺激と活力を与える。しかし、住みたい街として神戸の魅力なくして、人が神戸に根を張り、生活の基盤＝働く場の創出を築き、新しい産業をもたらす可能性があるのだろうか。わたしは疑問だと思う。

そのためには、従前の政治、その下での政策を進化させることが重要である。神戸が活気を失い、ゆでガエルのようにゆっくりと衰退の途を辿っているとすれば、それは神戸経済の地域社会構造に起因している。

第一章　神戸はどうなっているのか

自立経済というのは経済発展への効果のみならず、同時にコミュニティでは到底コントロールできるはずのない、グローバル経済における突発的出来事への脆弱性をも改善させる。

（マイケル・シューマン（毛受敏浩訳）『スモールマート革命―持続可能な地域経済活性化への挑戦―』明石書店）

人口規模は、都市の姿をみる一つの尺度ではある。しかし、そのような単一的尺度は、そろそろやめたほうがよい。別の尺度でみてはじめて、都市の本当の姿が見えてくる。人口規模などのランキング志向（思考）から脱しようではないか。その上で、では、神戸はどんな状況になっているのだろうか。

1　神戸という地域

神戸市を統計的にみておく。最新人口は一五〇万人台である。他の主要都市との比較では、東京都区部（九五五万人）、横浜市（三七四万人）、大阪市（二七二万人）、名古屋市（二三二万人）、札幌市（一九七万人）、福岡市（一五八万人）につぐ七番目の都市である。神戸市とほぼ肩を並べるのは、川崎市（一五二万人）である。

ちなみに、他の一〇〇万人都市には、さいたま市（一三〇万人）、広島市（一二〇万人）、仙台市（一〇九万人）がある。神戸の昼間人口比率は一〇二％弱であり、かつてのわたしのように、大阪へ通勤する神戸市民も多いことを示す。

神戸の地理的特徴は東西に長く、南北に短いことである。六甲山と大阪湾の間にある狭い土地柄である。神戸の顔となっている三宮駅周辺は中央区（人口一二・六万人）、中央区の西には、古くからの工業地域であり、わたしが生まれ育った兵庫区（一一万人）、わたしの通った高校のあった長田区（一〇万人）、山へも広がるニュータウンをもち、わたしが現在住む須磨区（一七万人）、明石市に接する垂水区（二二万人）がある。垂水区の北にはやはりニュータウンをもつ西区（二五万人）がある。中央区の東は灘区（一三万人）と東灘区（二一万人）である。中央区から山を越えたところには北区（二三万人）がある。

多くの人は、三宮周辺の旧居留地や山側の異人館街をみて、神戸のイメージを取り結ぶ。だが、地区によって神戸のイメージは多様である。歴史的にみれば、明治維新による開港前までは、現在の須磨区までが「摂津国」、灘区や東灘区は幕府直轄領（天領）、その東側は尼崎藩の領地であった。垂水区や西区は「播磨国」―明石藩の領地―に属した。神戸市は異なる文化をもつ地域を合併して成立したのである。芦屋や尼崎に隣接する東灘区は、昭和の大合併で最後に組み入れられた。

イメージでいえば、三宮駅という神戸の中心駅を知らなくても、清酒の灘五郷―今津郷、西宮郷、魚崎郷、御影郷、西郷―の「灘」区を思い浮かべる人たちは多い。北区はいまも吟醸酒の原料となる山田錦の産地であるが、残念ながら、山田錦を知っていても、北区は知られていない。源氏物語の「須磨の巻」や関西財界人のかつての別荘地として有名な「須磨」区もそれなりの神戸のイメージを形成してきた。

また、「港町」ということで、神戸には輸出港のイメージも強い。ただし、輸出港としての地位は以前ほどではない。輸出港では、自動車産業をもつ愛知県や成田国際空港をもつ千葉県が金額ベースでは群を抜き、第三位は横浜港をもつ神奈川県、四位以下は東京都、関西国際空港をもつ大阪府と続く。そのあとにくるのが神戸港（兵庫県）である。輸出規模は五千億円台である。輸入港としても、東京都、愛知県、神奈川県、大阪府、成田国際空港をもつ千葉県についで、三千億円台の神戸港（兵庫県）がくる。

工業都市という尺度でみれば、工業出荷額等（従業員四人以上の事業所が対象）で、三兆円を超えるのは五都市ある。上位二つは関東圏の横浜市と川崎市、第三位は名古屋市、第四位が神戸市、第五位は広島市である。名古屋市と広島市は自動車関連企業が集積または隣接している。

神戸市の場合、従業員四人以上の事業所での従業者数は七万人に満たない。従業員数は、他の大都市と同様に小売業で一〇万人を超える。卸売業はその半分程度である。神戸市は工業都市のイメージが強いが、(*)実際は観光業も含め商業・サービス業の比重が高い。

＊かつての重工業の比重は低下し、業種別従業者数では、大規模な工業団地をかかえる西区では機械・金属製品の比重が高

い。他区については、酒造業などをもつ東灘区や灘区は食料品の比重が最も高くなっている。北区、垂水区、中央区でも食料品が第一位、ゴム関連の事業所が多い長田区や隣接する須磨区ではゴム製品が第一位となっている。造船業が盛んであった兵庫区は、現在では、輸送用機器や金属製品、はん用機械が印刷、食料品のあとにくる。

実際、神戸市内の就業者数の内訳をみても、第三次産業の比重は全体の八〇%を占める。これは人口規模に応じた消費者人口を反映する大都市圏の特徴でもある。人口の年齢別構成比では、いわゆる六五歳以上の高齢者が全体の二七%である。この数字は、過疎県の高齢者人口比率と比べれば低いものの、他の多くの大都市や中核都市との比較では平均的なところである。

2

自分の生まれ育った土地を分析する場合、データ数字で「うら」をとっておく必要がある。そうでないと、現状分析はある種自虐的なものか、あるいは、無邪気にただ大好きで終わる。この間にバリエーションがあってよさそうなものだが、人は極端論を好むものだ。雑誌記事についてもそうだ。それが読者へのサービス精神の発露とわかっていても、過剰な内容の記事が掲載される雑誌をついつい手に取ってしまう。ご当地シリーズの刊行本や観光関係の雑誌記事に、その種の記事が多い。具体例をみておこう。

マイクロマガジン社の『地域批評シリーズ』が手元にある。『日本の特別地域・特別編集―これでいいのか　兵庫県神戸市―』（二〇一三年七月刊）には、前文として神戸市民への、きわめて挑発的な文章が載っている。編者三人のうち、二人は神戸市生まれ、一人は神戸市在住である。

編者による「神戸論」の問題提起として、「オシャレ」や「エキゾチック」などという観光イメージで語られるほど、神戸が「素晴らしい街でないことは、この街に暮らす読者諸兄が最も適切に感じている」と頭書にある。以下、つぎのように、神戸市のかかえる問題が例示される。

（一）高度成長期の株式会社神戸市イメージの失速――「ポートアイランドや六甲アイランドの造成事業など、ただ、いま神戸市のあちこちから聞こえてくるのは景気の悪い話ばかりである。ガラガラの観覧車が寂しく回るハーバーランド、ゴーストタウンのような一角もあるポートアイランド……飲食店は閑古鳥が鳴く三ノ宮の歓楽街」。

（二）主導産業の見当たらない神戸市経済――「街に人がいないのも、産業に元気がないから当然ではある。かつては国際貿易の拠点として港が存在感を発揮し、のちには鉄鋼や造船といった重工業が街の活気を生み出してきたが、いまや起爆剤となる（産業の）存在すら見当たらない」。

（三）阪神・淡路大震災の影響なのかどうか――「街を包む閉塞感は今に始まったことではなく、……すべてを震災のせいにして立ち止まってきた時間がいささかながすぎはしないだろうか」。

神戸市の中心地の三宮駅周辺を歩いていても、わたし自身、街の発するエネルギーを強く感じない。これは個人の中での比較軸では、かつてほどには、ということになる。神戸市の従来イメージは「港町神戸」――多くの歌謡曲や地元音頭でもこのフレーズは定番――であり、日本を代表する輸出港であり、かつて臨海部には鉄鋼や造船の企業が多く立地した。古くは、居留地と異人館街が形成され、それはいまも神戸の観光イメージを形成する。

この雑誌の編者にいわせると、この種のイメージは「たまたま明治維新後のスタートダッシュに大成功しただけなのかもしれないが、当時の文化都市としての繁栄ぶりが、世代を超えて紡がれる『神戸人の根拠なき自信と優越感』になっているといっては言い過ぎだろうか」ということになる。

たしかに、神戸生まれのわたしたちは、神戸が「日本一の……」というよりも、明治維新後の「日本で初めて……」ということを、小学校以来、幾度なく教わってきたような記憶がある。

ただし、そのイメージは三宮周辺だけである。神戸市が周辺地域を合併して百万人都市になったという、その経緯からすれば、現実の神戸は、しゃれたイメージとは真反対の地域も取り込んで出来きた「パッチワーク都市」である。これは歴史的にも間違いない。

「株式会社神戸市」というイメージも、果たしてどうであろうか。多くの都市にはお役所的イメージが付随し、地方都市のなかには、お役所＝官僚主義―公務員意識―の強いところもある。しかし、そのような自治体とは異なり、役所でありながら、企業組織のような「やり手」イメージが神戸市にはある。たしかに、国の補助金頼みではなく、地方債など起債の攻めの姿勢が評価された時期もあった。だが、現在では、そのような事業も、赤字だけを市民に残した虚業であったと批判されている。勝てば官軍、負ければ賊軍の論理が働く。

要するに、開発プロジェクトが波に乗っているときは批判などされない。だが、景気後退の下で失速すれば、批判にさらされる。「税金から補てんされた失政ではないのか」「ただ税金で採算など考えずにやっていただけではないか」「役所でなく、企業であればとっくの昔に倒産していたのではないか」そのような批判も地元には強くある。

では、やり手イメージの変容＝失速の背景には何があったのだろうか。

そこには、神戸産業の苦戦と衰退がある。具体的には、神戸市経済を長く牽引した重工業と地場産業に代わる、新たな産業の勃興がみられない厳しい現状がある。重工業では川崎重工業や三菱重工業神戸造船所に代表される造船業の衰退、川崎製鉄や神戸製鉄など製鉄業の停滞、地場産業ではケミカルシューズや清酒業などの停滞がある。こうした産業は阪神・淡路大震災の影響で、工場など事業所が大きな被害を受けた。とはいえ、その停滞や衰退はそれ以前から始まっていたともいえる。もちろん大震災がそれに拍車をかけた側面は否定できない。

重厚長大産業はすでに曲がり角にきていた。神戸の経済界にも、その認識はあったに違いない。重要なのは、ハード面が大きな比重を占める重厚長大産業が残した「遺産」の何を継承したのか、そして、それを新たな産業へとつなげることができたのかどうか、その意識の有無である。これにはモノとヒトの両面がある。

モノは設備や製造ノウハウに関わる。何を継承するかという点に関しては、「何をつくるのか」というアイデアが重要になる。それを既存設備や製造ノウハウの延長上に達成できたのかどうか。

ヒトに関しては、「何をつくるか」を担うのはそれまで蓄積された人材のもつ創造力である。そうした人材がいなければ、「何をつくるのか」を担える人材を神戸へ引きつければよい。会社や事業所が神戸を去ったとしても、人材の新陳代謝が起こればよい。そのためには、神戸の人たちが、従来の考え方をそのまま継承してよいはずはない。だが、神戸は過去の誇りを引きずった。

神戸株式会社は山を崩し、海岸を埋め立てることで、経済空間や生活空間を新たにつくってきた。その事業は、既存地域の再開発にともなう地権など既存利害関係の調整コストが少なかった代わりに、費用そのものは巨額に及んだ。この費用を回収できるかどうかは、新しい経済空間にどのような産業を育成・支援するかにかかっており、その青写真が必要となる。神戸には、そのような具体的かつ実行可能な展望を描くことが難しかったような印象を受ける。結果として、このことが神戸市の衰退に拍車をかけたのではないだろうか。

神戸市流の「山から海へ」のポートアイランド―人工島造成―方式は、当初は、事業用用地、港湾施設、会議施設、観光関連施設を作り、ポートピア博覧会の開催によって世間の注目を集めることで成功した。同様の手法で、そのつぎに手掛けたのが、六甲山地から海へと土砂を運んで造成した第二の人工島の六甲アイランドであった。そこへ神戸ファッション都市構想を持ち込んだ。神戸の居留地イメージ＝ハイカライメージを連想させる米国大企業などのオフィスを誘致しつつ、その後に第二期工事へ突き進み、その沖に神戸空港を建設した。

神戸空港建設については、お世辞にも神戸市政に関心が高いとはいえない神戸市民の間にも、反対表明の署名運動が盛り上がった。神戸空港の沖には関西国際空港がある。また、神戸三ノ宮から同じ兵庫県内にある伊丹空港へさほど時間はかからない。このような状況で、なぜ、第三の空港が要るのか。当然すぎるぐらい当然の反対意見の発露であったろう。神戸市役所の焦りのようなごり押しだけが目立った。

神戸の市政

1

神戸市民には神戸市政に対する無関心層が多いといわれてきた―むろん、熱心な人もいるが―。従来の神戸市長選挙の経緯をみても、助役から市長への禅譲が普通であった。市民の投票率の低さも、その傍証だ。そのような市長選が、実質上の「神戸市役所内選挙」と揶揄されてもしかたがない。投票率の低さは、結果が分かっている選挙への無言の抗議なのだろうか。

簡単に戦後の歴代神戸市長を振り返る。敗戦の四日前に就任し、敗戦後すぐに市長となったのは中井一夫（一八八九〜一九九一・任期一九四五・一一〜一九四七・二）である。法曹界出身で元衆議院議員であった。二代目は初の公選市長となる小寺謙吉（一八七七〜一九四九・同一九四七・四〜一九四九・九）で、米国などで学んだ元衆議院議員であった。

三代目が、先の市長選で敗れた、原口忠次郎（一八八九〜一九七六・同一九四九・一一〜一九六九・一一）であった。原口は、京都大学土木工学科出身で、内務省を経て、小寺市長の下で神戸市助役を務めた。ポートアイランド造成を始めた原口神戸市政は二〇年の長きに及んだ。

原口を継いだのが宮崎辰雄（一九一一〜二〇〇〇・同一九六九・一一〜一九八九・一一）であった。神戸市職員から助役、市長となった。宮崎は補助金頼みではなく、外国での市債発行を通じて、造成事業や神戸市「株式会社」事業を推進した。

五代目は、神戸市の土木担当職員として都市計画畑を歩き、宮崎市長の下で助役であった笹山幸俊（一九二四〜二〇一一・同一九八九・一一〜二〇〇一・一一）である。笹山は、任期中に阪神・淡路大震災からの復興にあたった。笹山市政は三期一二年続いた。

六代目は、神戸市職員として空港整備や保健福祉分野を歩き助役となった、矢田立郎（一九四〇〜・同二〇〇一・一一〜二〇一三・一一）であった。矢田の三期目の市長選挙の投票率はきわめて低いものであった。助役から市長への市政禅譲の流れが半世紀以上続く神戸市長選挙では、当初から結果がわかっていると判断されたのか、投票所への市民の足は重かった。この種の無風選挙の弊害はいうまでもない。

そして、七代目は自治・総務官僚出身で副市長から現市長となった久元喜造（一九五四〜・同二〇一三・一一〜）である。民選となった首長選挙制度の下で、現在は三期目に入っている。

戦後七〇年以上が経過するのに、就任した市長がわずか七人という大都市は、管見では、おそらく、神戸市以外にありそうにない。結果、神戸市の課題や大プロジェクトは継続的に取り組まれる一方で、その見直しは困難であった。

たとえば、神戸空港の建設も急に浮上したものではない。敗戦後の復興計画にすでにその可能性が言及されていた。国もプロジェクトとしての現実性に検討を加えたが、神戸市役所内では継続的に検討されていた。

その後、伊丹空港の騒音問題や泉州沖を埋めたてた関西国際空港の開港、さらに阪神・淡路大震災もあった。にもかかわらず、新空港実現を推進する市役所の姿勢に対して、市民の反対運動が浮上した。震災からの復興に財政の立て直しが必要な以上に、空港建設のための財政負担増で、将来への不安を抱く多くの市民がいた。しかし、結局、平成一八［二〇〇六］年に神戸空港は開港した。(*) 建設費用は造成した事業用地の販売でカバーする予定であったが、当初の思惑通りに、空港周辺の空き地売却が進んできたとはいえない。これはいまも課題である。

＊関西での空港別乗降客数は、国土交通省の調査によれば、神戸空港開港時には大阪国際空港（伊丹空港）と関西国際空港がほぼ拮抗しており一六〇〇万人台であった。その後、伊丹が漸減しはじめ、一四〇〇万人台で推移している。関空は平成二三［二〇一一］年あたりから伸びはじめ、二千万人を超え始めた。神戸空港は、開港年は二七〇万人で、その後も三百万人台へと達することなく、推移している。その後、民営化＝空港運営権の民間会社移転や発着枠の拡大など、乗降客数の増加がはかられている。

結果的に、多くの市民が心配した通り、空港建設費用―その後の維持費も含め―は、神戸市財政を一気に悪化させた。ここで留意しておくべきは、震災後に神戸市財政が悪化したのではなく、それ以前から神戸市の収支バランスは崩れていたことである。

他方、人工島の先兵となったポートアイランドについては、神戸ファッション都市と並んで神戸医療都市を目指すと、(*)理化学研究所などの研究機関や医療関連企業を誘致してきた。ここに、後知恵のように、近くに神戸空港やコンベンションセンターがあるという立地上の優位性、世界から先進医療関係者を集めることのできるインフラ整備の先進性が強調される。

＊詳細は拙稿「地域経済とハイテク産業との連結性をめぐって—ハイテク振興と地域政策との関連性—」『商工金融』二〇〇六年六月号（第五六巻第六号）。

しかしながら、同様の構想と現実との差異が世界各地にもある現状を考えると、イメージ先行の市政への批判は当然であった。経済的にみても、その行く末にはあまりにも不確定要素が強い。雇用や税収の面で神戸市経済に与える影響がきちんと分析・検証され、成否が判断される必要がある。自律的な経済発展は、補助金頼みや国家プロジェクトの政治的判断だけで、成功が期待できるわけではない。

ほかにも、神戸市民には気がかりなことがある。たとえば、三宮駅から二駅離れた、かつての神戸の玄関口であった神戸駅から、海岸寄りにすこし行くと、旧国鉄湊川駅跡地と川崎重工の工場跡地の二三ヘクタールを再開発した神戸ハーバーランドがある。ここには、大手百貨店などの大型商業施設やホテルなどが誘致されたが、その後、そうした店舗などは相次いで撤退するなど苦戦状況が続いている。

神戸ハーバーランドから徒歩圏にある神戸市のかつての中心的歓楽街—西の東京浅草と称された時期もあった—の新開地は、川崎重工など造船業の衰退と人口減少によって、再開発が叫ばれてきた。芝居小屋や映画館などが立ち並んだイメージの再生を狙ったアートビレッジ構想が打ち出され、アートセンターや映画に関わるイベント開催などが企画されてきた。神戸市民ですら、この地域が芝居や映画などの中心地であった記憶はすでに薄い。(*)

*新開地を中心とした地域発展史については、つぎの拙著を参照。寺岡寛『タワーの時代―大阪神戸地域経済史―』信山社(二〇一二年)。

町工場が集積した長田区の震災後の再開発についても評価は分かれる。震災後の復興計画の下で、地下鉄新長田駅を中心とする再開発に巨額の事業費が投じられた。結果、地場産業型の町工場や町の小規模商店は次々と廃業し、そのなかで、商業ビルやマンションだけが林立する。駅の近くに立つ鉄人二八号像の孤高な姿は、この地域の再開発の現状を物語る。産業が衰退して、高齢者の比率がますます高くなってきた地域で、マンションや公共施設ばかり建設するのでは、そこに地域として持続的発展性は保持しえない。

神戸市主導のプロジェクトが次々と行き詰まったのは、人口増と地価等の値上げを見越した不動産投資を前提としたビジネス・モデルが、その有効性を喪失してきたからでもある。表向きには、街並みは人工的で綺麗になったが、商売を営むかつての小規模な自営業者にとっては、テナント料が高額となり支払えず、廃業を促進する結果となった。たとえ、補助金制度で最初の数年は維持できても、その後、自らの足―事業収入―で立つことが困難であれば、事業からの撤退や廃業が進展する。

街の景観などは、人びとの長い商売や生活の営みのなかで自然に形成されたものである。耐震の立派な建物に建て替えればいいというものではない。そこに、ミニ銀座、ミニ原宿、ミニ渋谷などの景観だけのコピー版を登場させても、人は一度ぐらいは訪れても、リピーターとはならない。発展のカギになるのは、そこに生活する人たちや働く人たちにとって、快適な地域となっているかどうかである。

にもかかわらず、ハード整備優先の慣性的な開発思考は、継続された。「助役（副市長）から市長へ」の神戸市役所内人事的な選挙の負の側面が、作用し続けた結果でもある。市役所と議会との関係においても、議会のチェック機能は有効に働いていただろうか。箱物重視の政策思考から抜け出した将来設計を十二分に見据えた政策の姿は、いまだに見えてはこない。

先に神戸市の地区別人口数を示した。西区などの人口数が多いのは、神戸市のニュータウン建設の結果である。人工島は、こうしたニュータウン造成の残土が海岸へ運ばれ造成された。明石市に隣接する西区の西神ニュータウンは山を切り拓いて作られ、三宮とは地下鉄で結ばれた。ニュータウンの周辺には大学や工場が誘致されてきた。これはポートアイランドや六甲アイランドの山側版といえないこともない。こうした経済空間に多彩な人材が集まる何らかの仕組みなくして、今後の発展はいまだ未知数である。

世の中、「〜〜学」流行りである。「神戸学」なるものもある。地域の衰退意識がなければ、「神戸学」への関心は薄かっただろう。こうした「〜〜学」は、「〜〜」検定とも結びつけられる。そこには、人びとの関心を呼び起こし、観光客を吸引し、地域の観光業振興へテコ入れしたい思いもあろう。

気になるのは、過去のマニアックな事実の掘り起こし―再発見―ばかりで、現状＝衰退にいたるまでの道筋への批判的検討がなく、将来展望が見えてこないことだ。地域のさまざまな資源の棚卸しとその有効活用なくしては、展望は容易に拓けない。

第二章　神戸はどのようにできたのだろうか

神戸は横浜とともに、日本の大都市のうち、例外的に城下町の伝統がない。……祖型は外国人がつくったにひとしい。

（司馬遼太郎『神戸・横浜散歩、芸備の道』）

都市の特徴は、街の景観だけではない。それはその都市の歴史的な歩みを反映したものである。神戸の現状を知ることは、神戸の歴史を知ることでもある。また、神戸の歴史を知ることは、神戸の現状をより深く知ることでもある。

神戸のあゆみ

1　旅する作家でもあった司馬遼太郎（一九二三～九六）は、大阪と神戸とでは都市としての性格が異なると論じた。神戸は横浜と同様、江戸期の城下町から発展した都市ではない。江戸までは、寒村であったが、明治維新後、外国人居留地からスタートした町である。外国人居留地が与えた影響はいまも残る。それは神戸人気質の形成にもつながった。司馬は『神戸・横浜散歩、芸備の道』で神戸について、横浜との違いにもふれ、つぎのようにいう。

「この新都市にやってきて働く日本人は、外国人を主人とするか、かれらの貿易の水揚げや船舶業務の利益のおこぼれをもらうことによって衣食するひとが多く、水位として、海外の慣習や文化の影響を受けやすかった。旧幕時代に状況として不自由ながら開港した横浜にくらべ、この点、神戸ではどれほど外国人のまねをしても鎖国を原則とする旧幕府のお叱りをうけることはなく、また攘夷浪士に叩っ斬られるような心配もなかった。」

日米和親条約の締結は、嘉永七［一八五四］年であった。それにより、北海道の函館（箱館）と静岡県の下田が開港した。その四年後に、日米通商条約が締結され、函館、神戸、横浜に加え、長崎と新潟も開港した。開港地域には、外国人の居留と貿易の権利が認められた。以後、横浜は輸出港として、半農半漁の小さな村落に過ぎなかった神戸は、輸入港として発展する。城下町の伝統を持たない神戸の外国人居留地—現在の三宮駅周辺—は、欧米の輸入品の経由地であった。そこで、神戸の都市としての基本的性格がかたちづくられた。

当初、三宮地区の旧外国人居留地＝居住地域を悩ました問題は、生田川の氾濫による洪水被害であった。その後、生田川の付け替え治水工事、街路工事など生活インフラも整備された。重機のない時代ゆえ、先人たちの苦労はいかばかりであったろうか。この大規模工事によって、神戸のまちの景観が徐々に形成されはじめた。地理的に南北に押し込められてきた神戸市であったが、やがて鉄道網の整備によって東西へと拓かれ、港湾都市として拡張し、港湾工業都市へと変貌する。

しかしながら、神戸は第二次大戦下の空襲―空爆の回数が多かった―によって、もっとも被害を受けた戦災都市の一つとなる。市街地の六〇パーセント以上が消失した。住宅の約六五パーセントが焼け、被災人口は全体の五〇パーセントにより、敗戦直後の人口は四〇万人を切った。当時の様子は、舞台芸術家の妹尾河童『少年H』に描かれている。

この空襲によって、名建築家による多くの建物が消滅した。こうした名建築物が残っていれば、現在の神戸のたたずまいも異なるものとなったであろう。建築史家の川島智生によれば、神戸市内の国民学校七八校のうち、昭和二〇［一九四五］年四月時点で、空襲の被害は四三校に及んでいた。

ちなみに、さほど知られてはいないが、鉄筋コンクリート造校舎は神戸市の小学校を嚆矢とする。日本各地で木造校舎が見直され始めたのは、関東大震災後であるが、震災前に神戸市には、すでに一九校の鉄筋コンクリート造校舎が建てられていた。

川島は、神戸が新興都市だったからこそ、先駆的な取り組みが可能であったとみる。川島の『近代神戸の小学校建築史』には、わたしの母校である入江小学校や周辺の航空写真も掲載されている。わたしが在学中には三階建ての校舎であったが、写真は二階建て校舎である。空襲によって被災し、校舎の三階部分と屋根が消失して、戦後、元に戻されたことがわかる。このときに、隣にあった木造校舎は全焼した。川島の説明によれば、鉄筋コンクリート造でも、講堂が三階の小学校では、鉄骨小屋組の上に薄い鉄筋コンクリートスラブがひかれたため、爆弾が貫通すると内部に容易に火が回り、消失したという。

造船所や軍需生産関連工場の周辺の住宅も、米軍機の度重なる空爆―誤爆も含め―で消失した。ちなみに、わたしの通った須佐野中学校は、三菱重工の神戸造船所から徒歩で一五分ぐらいの距離にある。校庭の斜め前にある母の友人宅は、造船所への空爆がずれたことで爆弾が直撃したという話を、ご本人から中学時代に聞いた記憶がある。

戦後、消失を免れた建物は進駐軍に接収された。旧居留地は米軍白人兵のイースト・キャンプに、兵庫区の地域は黒人兵のウェスト・キャンプとなった。そうしたなかで、戦後の神戸市の復興は始まった。

日本の各地の戦後復興を振り返れば、どの都市であれ、地域内の均一的な歩みはない。神戸市の復興を研究する村上しほりも、この点にふれ『神戸闇市からの復興―占領下にせめぎあう都市空間―』で、「戦後から高度成長期にかけての湊川新開地と三宮の復興は、消失した盛り場の再建と闇市に始まった」としたうえで、つぎのように指摘する。

「空襲被害をうけて戦後、復興に向けて動き始める湊川新開地と三宮は、地理的に近接しているにもかかわらず、全く異なるあゆみを辿った。しかし、その戦災復興過程における初期の実相は、十分には明らかにされていない。……湊川新開地は昭和初期まで神戸の盛り場・中心市街地として、三宮は昭和初期の鉄道網整備を通して、その地位を高めつつあった新興市街地であった。この二つの地域はともに空襲被害に見舞われて戦後大きく変容し、戦災復興が完了した頃には、市内における中心市街地としての重心は湊川新開地から三宮へと大きく動いていった。その変化の始まりには、闇市からの復興があった。」

神戸には軍需工場などがあったので、他の軍事都市と同様に米軍のはげしい空襲を受けた。主要地域の多くは焼け野原になった。政府に戦災復興院が設置されると、神戸市も敗戦の三か月後には復興本部を設けた。翌年に、神戸市長をトップとする復興委員会を中心に「神戸市復興基本計画要綱」が策定された。神戸の戦後はこの復興計画から始まった。

しかし、この要綱は、あくまでも公的な復興計画であった。焼け出された神戸市民は、その日の雨風をしのげる生活空間を切実に必要としていた。なかには、とりあえず入手できる材料で住宅を建てる人たちも多かった。バラック建ての店舗も増えた。復興計画に基づく区画整理が遅れるなか、違法建築物が後を絶たなかった。敗戦後の混乱した神戸の姿がそこにあった。わたし自身も、海軍から復員後に神戸で陸運業を起こした香川県出身の父から、当時の闇市の熱気と混乱、敗戦後の人びとのいら立った様子を聞いたことがあった。

戦後の神戸は、「とにかく復興」の単一目標の下で、ＧＨＱ―日本の占領行政にあたった連合国軍最高司令官総司令部―の神戸駐屯部隊、神戸市当局、住民のそれぞれの思惑と立場が錯綜し、復興の姿は多様化・複雑化した。

復興計画には、まずは区画の再整理、街路整備、公園、生活上のインフラの整備などが先行されるべきではあった。それが理想である。だが、敗戦の混乱で、経済統制なども闇市で有名無実化していた。混乱の下、生きんがための住民のそれぞれの事情が優先した。これを民の「逞しさ」といってしまえば、それまでだ。その後の復興から経済成長期に、その是正が迫られることになった。先に為すべきことが後になれば、その代償―社会的コスト―は大きくなる。立ち退きの社会的費用は膨大になった。

神戸の復興は、市民の生活再建を中心に紆余曲折しながらも進んでいった。焼け野原からの復興は必ずしも均等なものではなかった。個人史でいえば、わたしが生まれるころには、闇市の後の整備に加え、神戸港の整備が行われ、神戸博覧会や公園での体育イベントが開催され、神戸三宮駅前の戦後風景を象徴することになる神戸新聞会館―現在のミント神戸―、国際会館、神戸市役所が姿を現した。わたしの親世代は、こうした新しいビルの登場で、神戸もようやく復興の途についたと感じたようだ。

東京オリンピック後の一九六〇年代央には、神戸市は「総合基本計画」を策定した。三宮駅周辺が神戸市の中心地―神戸市の顔―として位置づけられた。一九七〇年代には、須磨区の山側の地の造成が始まった。トンネルを通るベルトコンベヤーで、土砂が須磨海岸の土砂運搬船に運ばれ、ポートアイランド、そして六甲アイランドが造成されていった。狭かった神戸市内の先に新しい土地が海上に姿を現わしたのは、わたしが高校生のころである。ポートアイランドには大型ホテル、イベント会場、公園、住宅地に加え、企業の真新しいビルが建設された。神戸市の風景が一新されはじめたのもこのころだ。土砂が運び出された地にはニュータウンが生まれた。わたしの現在の自宅もそこにある。

大学生のころには、「株式会社」神戸市の都市経営手法が、あらたな役所のビジネス手法として喧伝された。バブル経済期の一九八〇年代まで、この都市経営手法は評価され続けたが、一九九五年の阪神・淡路大震災によって、従来の評価は揺れた。

阪神・淡路大震災は、年配の神戸市民に第二次大戦以来の二回目の復興という感を抱かせた。震災後の復興もまた以前と同様に、モザイク模様を描いてきた。現在もなお、従来のやり方が反省され、真に神戸市に相応しいやり方が模索されている。とりわけ、神戸の「山、海へ行く」開発手法(*)は、震災後に大きく変更を迫られてきた。だが、震災後、それまでの都市計画思想の慣性力が止まったわけではない。慣性的思考は、根本的に改められることはなく、底流として働いてきたのではないだろうか。

＊元神戸市長の原口は「山を削って海を埋める」という方法について、「確かにアイデアとして卓抜であり、残された唯一の道かもしれない。しかし私はなかなか踏み切れなかった。それは私自身、内務省の神戸土木出張所長として、昭和十三

年の阪神風水害の復旧事業に当たった経験があるからである。山を削る規模が大きければ大きいほど、その被害は大きくなる。長い工期の間に集中豪雨の一度や二度は必ずぶつかる」と理解したうえで、「南風に弱い神戸港をかばうために、その南に」人工島を築くことを提案したことを振りかえっている。原口自身は建設など技術的な隘路よりは、費用捻出が大きな市政の課題となるとみて、つぎのように指摘していた。

「ポートアイランドの建設については、当初から災害の危険性も少なく、技術的には楽観していた。しかし約九百億円という建設費については、まったく目途はなかった。市の単独事業ではとてもその余裕はない。公共事業方式でも二分の一の負担は非常な重圧である。起債でこの巨額の先行投資をまかなうにしても、償還期間中の財政圧迫は避けられない。資金を外に求めるしか道は残されていない。……外債の発行を政府に折衝しよう。……ドイツ銀行との間に約一億マルク（日本価額約九十億円）の起債調印に成功し、ここにポートアイランドへの道は大きく開かれた。」原口忠次郎『過密都市への挑戦―ある大都市の記録―』日本経済新聞社（一九六八年）。

実際のところ、神戸市内といっても、震災被害は一律ではなかった。大企業の事業所の勤務者は、転勤で生活の場と働く場を一時的に移すことができた。他方、事業所を神戸市内だけにもつ中小企業や自営業者などは、生活と働く場が同一であり、とりわけ、自営業者の被害は大きかった。

震災は神戸市民に発想の転換を迫った。都市開発とは、本来、どうあるべきか。それまでの神戸市の開発プロジェクトを全面的に停止して、まずは、生活と働く場の回復に全力を注ぐべきなのか。とりわけ、「山、海へ行く」の象徴であり、集客都市・神戸をめざした人工島ポートアイランド、山に作られたニュータウンや研究学園都市、流通団地、工業団地の維持をどのようにするのか。神戸を襲った大震災はこの課題を市民に突き付けた。

また、「ファッション・アーバンリゾート都市」という横文字イメージだけが単独先行した感のある都市政策の実質的持続性も、問われることになった。

政策そのものは補助金誘導策であって、実態をすぐにはつくりだすことはできない(*)。政策にできることは、実現の加速化への手助けである。神戸市の厳しい財政事情の下にあっては、今後確実に拡大を余儀なくされる社会福祉予算に配慮しつつ、新たな産業を育成するには一層効率的な公的資金の利用が求められて当然である。ここで神戸での産業発展史をすこし振り返っておく必要がある。

＊政策の思想性と現実性については、つぎの拙著を参照のこと。寺岡寛『中小企業と政策構想―日本の政策論理をめぐって―』信山社（二〇〇一年）。

ともすれば、産業は、小さな規模とはいえ、当初から存在していたと考えられがちだ。詳細に検討すれば、ほそぼそだが、嚆矢となるパイオニア的な創業者の動きがあったケースも多い。どのような産業であれ、産業史のルーツを遡っていくと、一人あるいは数人のパイオニアに行き着くものだ。ただし、パイオニアがその地で創業したのは必然なのか、あるいは、偶然なのかと問えば、偶然のケースが多いようにも思える。

パイオニア的人物がその地で苦戦を重ねながらも、小さな成功を積み上げることで、地域の内外の人たちにも知られることになる。やがて模倣をする人たちがやってきて創業する。そうして、産業が出来上がっていく経緯があった。神戸のさまざま産業もその一例である。問題は、政策だけでパイオニアを神戸に引きつけることができないことだ(*)。

＊わたし自身は米国のケースを追ったことがある。詳細については、つぎの拙著を参照。寺岡寛『アレンタウン物語―地域と産業の興亡史―』税務経理協会（二〇一〇年）。

やっかいなのは、偶然とはつくりだせない現象であることだ。だが、その偶然を必然化させるため、政策は、いくつかの手助けができる。具体的には、初期の少額融資、技術的な隘路を手助けできる人材の紹介などだ。まずは「人ありき」なのである。そのような人材が神戸へきてはじめて成功へのステップが展開し始める。現在、神戸市が進めてきているスタートアップ支援プログラムの難しさも、そこらあたりにある。

2

地域産業史的にみると、神戸は城下町的な発展とは無縁で、開港後に西欧文化が入り込み、新しいことやものに対する抵抗がすくない土壌があり、結果、多くの起業家の卵を引きつけた。新たな取り組み＝イノベーションもやりやすい。

既存の発展地域で、利害関係がレント化したところでは、新人や新たな取り組みなどは、「出る杭は打たれる」ことになりやすい。このたとえの通り、そのような環境下では、イノベーションは起こりづらい。イノベーションが、しばしば既存産業の中心地ではなく、周辺地で起こるのはそのためである。「新しい酒は新しい革袋に」という譬えもある。神戸に徒手空拳でやってきたイノベーターたちのあゆみを、概観しておこう。

神戸のイノベーターを挙げれば、土佐出身で鈴木商店を大きく成長させた金子直吉（一八六六〜一九四四）、羊毛輸入から総合商社への道を切り開いた大阪出身の兼松房治郎（一八四五〜一九一三）、福岡出身で神戸高等商業学校に学び、神戸の貿易商で修行した出光佐三（一八八五〜一九八一）が浮かぶ。

その他、輸出向けの地場産業を育てた茶業の発展に尽くし、神戸財界の重鎮となった山本亀太郎（一八四七〜一九一二）、長野出身で花筵輸出の赤尾善治郎(*)（一八六三〜一九四五）、マッチの瀧川辨三（一八五一〜一九二五）─長門出身─、川崎造船所を育て上げた川崎正蔵（一八三七〜一九一二）─薩摩出身─、三井財閥の紡績部門を引っ張ってきた武藤山治（一八六七〜一九三四）─尾張出身─、天然ゴムの輸入を活かしてゴム工業を起こしたスコットランド人のジョン・ボイド・ダンロップ（一八四〇～一九二一）、坂東直三郎（一八五二～一九〇九）―丹波出身―、小田源蔵（一八七六～一九四四）もイノベーターだった。ほかに、それまでの清酒という伝統的地場産業から新たな地場産業として真珠製品、洋家具、洋菓子などで神戸で活躍した起業家も多かった。

＊花筵はいまでは日本でも使用されることは少なくなったが、当時は輸出製品として重要な位置を占めていた。赤尾は郷里の安茂里―現在、長野市安茂里―の小学校に校舎（赤心舘）を寄贈するなど故郷への思いも強かった実業家であった。長野市安茂里公民館発行の『館報あもり』（平成三〇［二〇一八］年七月一日）の学校紹介「安茂里小学校」に赤尾の紹介記事がある。「安茂里小学校の校門を入ると見える、桃色の壁の校舎が、昭和七年建築の『赤心舘』です。文久三年安茂里に生まれた赤尾善治郎氏は、明治時代に太平洋を往復すること八八回以上、ニューヨークに支店をもって花むしろの販売にあたり巨額を得た。信州が生んだ日本貿易会（ママ）の成功者です。その赤尾氏が、母校安茂里小学校の校舎の腐朽に対して巨額の私財を投じて寄付してくださった。当時としては珍しく鉄筋コンクリート建築の校舎です。」

金子直吉は、土佐―高知―の商家に生まれた。実家の没落で学校には進めず、丁稚奉公をしながら、独学を続け、二十歳で神戸に出た。当時、砂糖を扱っていた鈴木商店に入ったが、明治の半ばに店主の鈴木岩治郎が亡くなると、夫人の鈴木よねの下で働く。

直吉が頭角を現したのは樟脳―当時の防虫剤―の取引である。当初は損失を出しながらも、台湾総督府の後藤新平（一八五七～一九二九）を通じて台湾樟脳油の専売権をえて、欧米諸国へも輸出を拡張させた。これを契機にして、鈴木商店は大きく成長した。直吉は鈴木商店の番頭格となり、台湾銀行の資金を背景に、砂糖や樟脳から、製綱や人造絹糸などの分野へ進出している。

鈴木商店は第一次世界大戦下で大きな利益を手にし、一時期は、三井や三菱といった財閥系企業に匹敵するほどの売り上げ規模を誇った。その鈴木商店が、実質上の廃業に追い込まれたのは、大正七［一九一八］年の米騒動がきっかけであった。鈴木商店の本店は、投機目的の米の買い占めの元凶とされ焼き討ちにあった。さらに、その後の関東大震災と金融恐慌の下で台湾銀行からの支援を受けられなかったことも大きかった。とはいえ、金子は、鈴木商店の流れを汲む神戸製鋼所などの企業を多く残した。そのことは記憶にとどめておいてよい。

わたしの個人史に脱線すれば、かつての本店があった場所を通る度に、父は鈴木商店焼き討ちの記憶をよくしゃべっていた。当時の若き父にも忘れがたい記憶であったのだろう。

貿易業で財を成した兼松房治郎は、大阪に生まれ、大阪や京都の商店での丁稚修行を経て、親戚の兼松家の養子となる。明治維新後は大阪や横浜の綿糸商などで働いた。その後、三井組銀行部に務め頭角を現す。大阪で大阪商船会社（商船三井）や大阪毎日新聞の創設に関わったあと、神戸で明治二二［一八八九］年に豪州貿易兼松房治郎商店を起こした(*)。翌年にはシドニー支店を開設、羊毛を中心とする日豪貿易のパイオニアであった。

＊兼松は社会貢献事業にも熱心であった。大正八［一九一九］年には神戸高等商業学校（神戸大学）へ兼松商業研究所（兼松記念館）を建築寄贈し、研究基金も設けた。兼松の死後にも、昭和二［一九二七］年に東京商科大学（一橋大学）に兼松講堂が建築寄贈された。昭和四［一九二九］年には主要貿易国であったオーストラリアへ建設費用が寄贈され、病理学研究所の建物が完成している。

当時の神戸は、常に外部に対してオープンな都市であった。良港に恵まれた海運都市の神戸には、ある種の明るい雰囲気があって、金子や兼松はそのような雰囲気の下でビジネスを展開できた。地の利である神戸港を交易の梃子として利用できた、そのメリットは大きかった。輸出ノウハウをもつ、神戸在住の華僑との関係もあった。

長府藩士の家に生まれた瀧川辨三は、会津戦争に従軍した後、大阪へ出て英語を学び、さらに工部省電信学校へ進んだ経歴をもつ。瀧川は大阪や神戸の駅で電信係を務めてもいる。神戸三宮駅での勤務が、瀧川の神戸との縁の始まりであった。やがて、瀧川は駅員をやめ、神戸外国人居留地の貿易商社で修行し、マッチ製造会社を起こした。中国上海へのマッチ輸出で財を為した後、瀧川は神戸の多くの会社の経営に役員としても関与した。また、学校の設立、神戸市会議員、商工会議所—当時は商業会議所—の会頭などを務めた。

マッチ製造は明治以降の神戸を代表した近代移植産業であったが、他方、茶業は江戸期以来の在来型産業であった。茶業は、茶商を成長させただけではなく、神戸の貿易港としての発展に大きく寄与した。神戸外国居留地の貿易商にとって茶の輸出は中心的地位を占めた(*)。その中心人物が山本亀太郎であった。

山本は神戸の貿易業の発展に果たしただけではなく、いわゆる社会事業家としての役割も大きかった。神戸商工会議所の会頭も務めた。神戸発展の功労者として忘れてはならない人物の一人である。しかし、明治三〇年代初頭、居留地が返還されてからは、静岡からの茶の輸出が増えた結果、神戸からの茶の輸出は落ち込んだ。山本の茶業も苦戦を強いられ、倒産に至っている。

＊茶業の輸出振興については、明治期の農商務官僚前田正名（一八五〇～一九二一）とも関連が深い。前田正名と茶などの直接輸出促進政策については、つぎの拙著を参照。寺岡寛『中小企業の政策学—豊かな中小企業像を求めて—』信山社（二〇〇五年）。

ゴム工業では、工業用ベルトで日本を代表する企業が、現在も神戸に二社ある。その一つが、バンドー化学で、その前身の創業者は阪東直三郎である。笹山藩士の家に生まれた阪東は、従来の牛革製ではなく、木綿製の布ベルトの国産化に取り組み、後に木綿製平ベルトで特許を取得、阪東式張帯合資会社—瀧川辨三なども出資—を設立している。製品開発中の不慮の事故で、坂東は志半ばで亡くなるが、阪東の跡を継いだのが神戸の質屋に生まれた榎並充造（一八七九～一九五二）であった。彼は、早稲田大学卒業後、軍務についたが、父の死去に伴い家業を継いだ。その後、坂東との出会いを通じて工業用国産ベルトの開発に尽力し、布製からゴムベルトへと転換をはかった。

榎並たちは、神戸でゴム工業を起こしていた英国系のダンロップ社からの人材や当時の東京高等工業の卒業生を雇入れ、地元—たとえば、神戸第一中学校の同級生の実業家など—とのネットワークを利用して、資金調達するなど、苦難の末に、大正期にゴム製ベルトの製造に成功し、大正後期には国産初のコンベヤベルトの製造にも乗り出した。榎並も神戸の多くの企業に役員として関わり、また、神戸の学校の運営などにも関係し、神戸商工会議所の会頭も務めた。

神戸のもう一つのゴム工業、三ツ星ベルトの創業者は小田源蔵であった。小田は滋賀県彦根市生まれで、父の米相場失敗で一家を挙げて神戸へ移り、米屋や呉服商を始めた。源蔵は小学校を卒業後、家業を手伝い、病弱ながらもいろいろな事業—みかんの輸出、気船向けの石炭販売、手袋工場など—を手掛けたが、どれも行き詰まった。だが、めげなかった。

そんな源蔵に木綿製ベルトの製造を勧めたのは、二人の友人であった。源蔵は大正八［一九一九］年に三ツ星ベルトの前身となった三ツ星商会を設立し、以後、堅実な経営で、外部からも優秀な人材を入れ、三ツ星ベルトは日本を代表するゴムベルト・メーカーへ成長した。ちなみに、わたしが、大学の化学科を出て最初に就職したのが三ツ星ベルトであった。

他方、戦後にファッション神戸のイメージを高めたということでは、子供・幼児服のファミリアがある。創業者四人のうちの一人が坂野惇子（一九一八〜二〇〇五）である。坂野はNHKの朝ドラでよく知られるようになった。坂野の実父はレナウン―佐々木営業部―の創業者の佐々木八十八（一八七四〜一九五七）、他の創業者の一人の阪東枝津子は、阪東調帯の創業者の娘である。坂野たちは、女学校時代のクラスメートに声をかけて、つくった手芸品を靴店の一角で販売することからビジネスを始めた。のちに神戸、大阪だけではなく、東京銀座にも進出し、神戸ブランド＝ファミリアを浸透させている。ファミリアの成功はファッション都市神戸のイメージを全国的に高めた。

坂野たちの次の世代では、淡路島出身の畑崎廣敏（一九三六〜）が、最初に務めたニット問屋の先輩で、岡山出身の木口衛（一九二三〜二〇〇六）と、マルチ・ブランドによるトータルコーディネート・ファッションのワールドを、昭和三四［一九五九］年に起こしている。ワールドはポートアイランドに本社を建設し、ファッションタウンのイメージづくりに貢献してきた。

こうして振り返ると、外部から事業家をつねに受け入れ、新しい産業を創り出した土壌こそが、神戸の見えない資産といってよい。このような人材の循環が結果として神戸の産業構造の転換を促してきたことになろう。現在、そのような土壌が枯れつつある。新たな土壌改良が必要な時期を迎えて久しい。

港町神戸は、外へ開かれた町として外国からつねに新しいものを受け入れ、神戸というフィルターを通して再び外国へと送りだす産業を生み出してきた。もし、神戸市の発展が過去のものとなり、どこにでもあるようなローカルな地方都市の一つになったとしたら、そうした神戸を神戸らしくさせた、循環構造が大きく崩れてきた結果であるにちがいない。

神戸が新たな産業史を刻むには、そうした循環構造をもつ土壌を強く望む人たちの集積地としての市民感覚が必要ではないだろうか。いま、神戸市民の意識深層はどのように変化してきたのであろうか。つぎにこの点を探ってみよう。

神戸市民の意識の深層

1　阪神淡路大震災の日、わたしは勤務地の名古屋ではなく、自宅のある神戸にいた。多くの市民は、大地が大きく揺れたのと家中がきしむ音で飛び起きた。わたしの感覚でも、それはまるでロデオ大会の馬に乗せられた感じであった。突如、ドーンと上下に大きく揺れ、その後、左右に長く揺れた。自宅のあちこちがきしんでいた。

神戸市民に限らず、関西で生活してきた者には、関東大震災以降、大地震は関東圏で起こりうる災害というイメージであった。神戸市民にとって、災害とは、直観的に、台風の風水害のことであった。とりわけ、生田川や湊川の氾濫による水害の記憶は、現在まで神戸の災害史で受け継がれてきた感がある。(*)わたしも父から小さいころに、大水害の話をよく聞かされてきた。

神戸市民は、風水害の被害に対するリスク感覚は強くとも、地震への危機意識はきわめて低かった。震災対応において、神戸市の自治体としての初動や復興への取り組みが批判されたが、それは市役所だけではなく、市民全体の防災意識の低さにも起因した。

＊戦後、長く神戸市長を務めた原口忠次郎は市長となったことについて、当時の中井一夫市長から「あんたは十三年の水害のあと、神戸の復興をやってくれた人だ。この焼野原になった神戸の復興をやってもらう人は、あんたのほかにはない。ぜひ引き受けてほしい」という説得があったことを回顧している。このことからも、中井市長だけではなく、神戸市民に昭和一三［一九三八］年の水害被害の記憶が大きかったことがわかる。原口忠次郎の横顔刊行会編『原口忠次郎の横顔』中央公論事業出版（一九六六年）。

神戸市民と神戸市役所の意識について、振り返るべきは、その後の復興への取り組み方が果たして正しかったのかどうかである。神戸市の震災復興のやり方については、賛否両論があった。しかし、産業政策中心の開発計画、広域避難場の軽視、旧市街地整備の遅れ、耐震防火水槽や生活用地下貯水槽の未整備、交通遮断の可能性の高い人工島への中央市民病院の移転の是非、これらに加えて震災後早々に神戸空港や六甲山地下音楽ホールの建設に拘った市政のあり方に対してはきびしい批判があった。こうした復興政策の背景には、福島第一原発の大事故原因とされた原発ムラと同様に、神戸市開発ムラの構造があった。(＊)

＊この点については、つぎの拙著を参照。寺岡寛『福島後の日本経済論』同文舘（二〇一五年）。

福島原発を取り巻いた「原発ムラ」のムラ事情に関しては、東京電力側が本来取り組むべきであった対策をめぐり、現在も司法の内外で争われ続けている。東京電力は、震災や津波による被害予想情報を知りながら、なぜ適切な対応策をとらなかったのか、明らかにされる必要があろう。

同様に、「災害無防備都市」とされた神戸市の災害対策についても「なぜ」と問われてきた。南海トラフ巨大地震の警鐘が鳴らされるなか、神戸市のみならず都市の地震対策への取り組み方は、時間と地域をこえて共通する課題である。

災害対策の遅れの真の原因は、「ムラ」といわれる組織的な問題なのか。あるいは、直接関係者の単なる落ち度なのか。神戸市の場合、大阪市立大学や京都大学の専門家に地震と地盤について調査を依頼し、その調査報告書が昭和四九［一九七四］年に神戸市へ提出されている。

この調査報告書作成の経緯や、その後の神戸市役所内の取り扱いは、公益財団法人ひょうご震災記念二一世紀研究機構『防災における政策ジレンマの研究―阪神・淡路大震災と東日本大震災はどう想定されてきたか―』（二〇一二年三月刊）に紹介された。当時の動きなどについて、神戸新聞記者が関係者に聞き取り調査を重ねてまとめた内容となっている―神戸新聞朝刊にもシリーズ記事として掲載された―。

当時、一部の専門家を除き、行政も市民も都市直下型地震への認識は低かった。だが、専門家には活断層の存在はわかっていた。大阪市立大学助手（当時）の塩野清治が敗戦直後、米軍の焼け野原の航空写真を関係者に示したという。塩野の「（米軍航空写真は―引用者注）地表に浮かび上がる段差をさらけ出していた。活断層である。それは市街地に延び、将来起こりうる直下地震の危険性を物語っていた」という発言も紹介された。同報告書は、その後の神戸市役所の地震対策への取り組みをつぎのように紹介する。

「地震をめぐるプレート理論が六〇年代後半に登場し、断層が地震を起こす仕組みが急速に分かりつつあった。『もし動けば壊滅的ですね』。塩野は、調査団を率いる同大助教授だった故・笠間太郎と顔を見合わせた。関東を中心に防災対策が進んでいた。六四年には死者二六人に上る新潟地震が発生、地震学者らが関東大震災の『六九年周期説』を唱え、再来時期は約二〇年後とされていた。調査を依頼したのは神戸市だった。国の地震予知連絡会は七〇年、阪神間を特定観測地点に指定。七二年、大阪市立大と京大がチームを組んだ。笠間らは二年かけて『神戸と地震』と題した報告書をまとめ、神戸に都市直下地震が起こる恐れを指摘した。

だが、『肝心の発生時期が分からなかった』と、現在、名誉教授の塩野は振り返る。神戸には実際には直下地震が起きた記録がなく、微小な地震も観測できなかった。……七四年六月二六日の神戸新聞夕刊。一面に『神戸にも直下地震の恐れ』の見出しが躍った。一方で、記事には『十万年単位の長期警告』との識者の見方が添えられた。神戸には過去、震度六を超える地震が起きたとの記録がなく、安全神話が広がった。……報告書の存在は、数年後には市の幹部でさえ忘れられたものとなった。そして阪神・淡路大地震が起こるまで、再びメディアに登場することはなかった。」

神戸市長、神戸市の防災関係者、そして、神戸市民にとって、災害への意識は、阪神大水害など河川の氾濫による水害であった。神戸市の地震への対応だけを一方的に責めることはできない。人は先入観から自由ではない。

ただし神戸市役所内でも、報告書の評価と今後の防災計画をめぐって議論が展開していたという。神戸市としては、予想震度を五とするか六とするか、が問題であった。かつて震度六の地震がない以上、結果として、五を最大震度とする見方をとるとの力学が働いた。差はわずか一でも、地震に耐える防火水槽や水道管の再整備などをめぐり、対応策への予算額は、大きく違ってくる。会議に参加した地震学者や消防工学などの専門家と水道局関係者との激しいやりとりもあったようだ。

この種の対立は往々にして「中をとる」折衷案で、まずは議論の終結を迎える。これは福島原発での予想震度や津波の高さをめぐる議論とも重なる。地震や水害など自然災害をめぐる議論の構図は、単に技術的数値の妥当性をめぐるテクニカルなものではない。むしろ責任を回避し合うセクショナリズムという、官僚制そのものの姿である。そして、結果に関しては、「想定外」で済まされる。それは「前例がない」という官僚制度における最大規準でもある。この風土を変える必要がある。

2

神戸市民にとって、大きな神戸焼失は二つある。一つめは太平洋戦争下の空襲による焼失、そして二つめは阪神・淡路大震災による焼失であった。後者は、それまで最大の災害であった阪神水害を大きく上回った。ゆえに、大震災は、神戸市民の意識を大きく変えた。大震災の記憶は、神戸市民の意識の深層にいまも入り込んでいる。だが、水害や戦争の記憶が薄れるのと同様に、平成世代の増加とともにその記憶が薄れ風化しつつあるのも事実だ。

大震災は単に市民の防災意識を高めただけではない。震災によって「優等生」神戸市の経営手法への市民意識も変わった。むしろ、この意識変化の方が大きかった。大震災を契機に、神戸市の経営手法への評価は大きく変容した。

しかしながら、何を価値判断の基準とするかで、評価は変わる。この場合、価値判断基準の前提になるのは、都市経営をめぐる制度のあり方である。

その制度とは、一つは地方自治体の税制とこれに関わる制度、もう一つはかつての機関委任事務にかかわる本来は中央政府＝国が行うべき事業と、地方自治体が地方の実情にあった方法で対処すべき事業への財政措置である。この二つは、裏表の関係でもある。

日本の地方自治制度の枠組みの下で、神戸市の都市経営も見ておく必要がある。神戸市職員労働組合執行委員長であった大森光則は、『神戸市都市経営はまちがっていたのか―市職員にも言い分がある―』で、この枠組みに言及したうえで、神戸市の都市経営についてつぎのように特徴づける。

「神戸市の都市経営の動機は、神戸市が財政的に乏しく、指定都市のなかでも市税収入が低く、また経済界の基盤も弱いため、それが作用して、自治体自らが公共デベロッパーとして開発に乗り出したものである。」

こうした公共デベロッパー手法を支えたのが神戸市の基金制度であった。家計とのアナロジーでは、毎月入ってくる給与所得では足りない支出を、貯金を崩して補うようなやり方である。問題が生じるのは、毎月収入から貯金に回すべき余剰金がなくなり、そして崩すべき預金が底をついたときである。神戸市の行き詰まりもこのようにして起こった。大森は、神戸市方式の行き詰まりの原因をつぎのように列記する。

（一）産業構造上の問題——国際競争力・技術開発力に優れた成長型の中堅ハイテク型企業の層が薄く、大手重工業と零細企業の二極分化構造であること。

（二）神戸系大企業の東京や大阪への本社機能移転——新三菱重工、山下汽船、太陽神戸銀行、日本毛織、ダイエー等。

（三）神戸市内の工場用地の狭隘化——神戸製鋼所（加古川へ工場移転）、川崎製鉄所（千葉へ移転）、川崎重工（坂出へ移転）。

（四）中小企業の発展がなかったこと、（一）に関連して、中堅企業の不足。

（五）貿易港としての神戸港の比重低下。

そうだとすれば、対応策は政策「論理」の下では、つぎのようになる。

（一）産業構造転換の促進——成長型の中堅ハイテク型企業の層を厚くして、従来の二極分化構造に歯止めをかける。

（二）神戸企業の本社企業の域外移転の防止——神戸経済の中枢機能の向上。
（三）神戸市内の工場用地の狭隘化への対応——工場再移転後の工場用地の集約化など。
（四）中小企業の発展促進——中小企業にとって神戸に立地することのメリットの一層の促進。
（五）貿易港としての神戸港の比重向上——港湾インフラのアップデート。

問題は、これらの対応策を実行できるかどうかである。その前提として、神戸市民や企業や行政の関係者が、そうした課題への認識と危機感を共有しているかどうかである。わたし自身、中小企業政策を中心に経済・産業政策史を研究してきて、この点がもっとも重要だと確信している。神戸市が抱える産業構造上の問題について、神戸市民は何を意識し危機感をもち、神戸市の打開策を見てきたのか。

震災後の神戸市のビッグプロジェクト、たとえば、神戸空港の建設は、神戸市の産業構造の転換・高度化に寄与してきたのか。あるいは神戸市財政を悪化させただけに終わったのか。

市政への無関心層が多い神戸市民だが、神戸空港反対の署名運動は盛り上がった。神戸市財政をさらに圧迫する可能性の高い神戸空港の意義を疑問視する市民の心理が強かったからではないか。先にみた、神戸市経済の課題の解決に、神戸空港がはたしてプラスの貢献ができるのかどうか。推進派は、この点について神戸市民に見通しをきちんと示したとはいえなかったのではあるまいか。

大森は、神戸市民の反対運動にふれ、つぎのように指摘している。

「果たして、都市経営への批判者の多くがいうように、神戸空港の建設を中止することによってのみ、神戸市は財政危機から抜け出せ、震災からの復興を成し遂げることができるのであろうか。また、神戸という行政内部において、これらの批判に対して、明確に応え、反論しようという状況も生まれていない。

……震災がなければ、神戸市はこれまでと同様、都市経営手法によって水準の高い行政を維持することができたであろうか。」

このような大森のとらえ方の根っこには、神戸市手法の生みの親＝原口忠次郎の後に市長となった宮崎辰雄の考え方があった。宮崎は『都市の経営―市長に何ができるか―』（昭和五四［一九七九］年）で、「都市経営にあって従来の成長・開発至上主義は大きく修正されつつある……都市経営は限られた要件の下で、健康な環境と効率的な施設をいかにつくりだすかという政策論を含んでいる」としたうえで、昭和五〇年代半ばの時点で、今後の都市経営の姿をつぎのように描き出していた。

「都市は何よりも共同生活体である。ことに公的分野と私的分野の交錯する場である。都市経営を進める上で、市民、企業、自治体の相互関連、また、それぞれの行動原理、責任分担、そして都市社会全体としての意思決定の方法など無視できない分野である。」

宮崎は「市民参加による社会システム改革」を訴えた。だが、いったん走り出した開発プロジェクトは、原口、宮崎、笹山、矢田へと市長が交代しても、進路変更は困難であった。一度敷かれたレールの上を走るしかなかった。可能であったのは、スピードを落とし、別の移動手段がないかを考えることだけであった。明らかに神戸市の開発主義は曲がり角に来ていた。スピードを抑えなければ、脱線のリスクが高まるばかりであった。

原口市長、次は原口の下で助役を務めた宮崎市長と、歴代助役が次の市長となって進めてきた、まるで陸上競技のバトン・リレーのような神戸市役所主導の開発プロジェクト方式だが、実際のところ、この方式は原口市政よりも、はるか前まで遡れる。海と山に囲まれた狭隘な神戸市には、山を崩し、海岸に人口島を、山のなかに住宅地をつくる前に難題があった。荒れ狂う河川の改修、港や工業用地の建設である。

いまでは、荒れた河川の跡を見ることができず、神戸市の土木史は忘れがちだ。しかし、明治期後半まで、湊川が神戸市中心部の旧兵庫地区と三宮を中心とする神戸地区を分断していた。両地区の対比では、兵庫地区がマッチ工業やゴム工業など小規模な手工業が展開する地域、神戸地区が貿易など商業・物流業が展開する地域であった。双方に深刻な洪水被害をもたらした天井川の湊川の改修—付替—工事は、当時の神戸市政の喫緊の大きな課題であった。

明治二九［一八九六］年に、湊川改修株式会社が改修工事を行うことになり、その五年後に竣工した。この前史には、兵庫側の商人たちが、兵庫県知事へ湊川付替工事を熱心に請願した経緯がある。開港後の神戸港の発展には、両地域の統合が不可欠であった。荒れる湊川の付替えを急務とする共通認識があった。

工事は難航した。地元の商人だけではなく、長州の奇兵隊出身の大阪の実業家（藤田組）藤田伝三郎（一八四一～一九一二）、越後出身の東京の実業家（大倉財閥）大倉喜八郎(*)（一八三七～一九二八）、地元の日本毛織創業者の小曾根喜一郎（一八五六～一九三七）たちも、付替工事運動に加わった。

＊大倉喜八郎には、越後出身で東京で成功した大倉財閥の創始者像が強く、いまでは、神戸市民にとっても神戸ゆかりの実業家のイメージはない。しかしながら、神戸市民に親しまれる大倉山公園は大倉喜八郎の神戸の別荘地—元は安養寺境内など—が神戸市に寄贈され、公園として整備されたものだ。

小曾根喜一郎が中心となって設立されたのが、湊川改修株式会社であった。神戸市にとって、付替工事の負担額は巨額であった。港湾、上下水道、道路などの工事もあって、神戸市は、工事には慎重にならざるを得なかった。神戸市は、港湾や上下水道の整備費については、神戸市債の発行と国の補助金でなんとか目途をつけていた。だが、湊川工事に関しては、厳しい財政的事情の下、湊川改修株式会社(*)が行うことに期待があった。

＊株主には土木事業を行う藤田や大倉のほかに、地元関係者では小曾根喜一郎、マッチ業の直木政之介、銀行家の岸本豊太郎などの実業家に加え、市会や兵庫県の官僚などもいた。このように、湊川改修株式会社は官民一体の組織であった。

とはいえ、湊川付替工事では、神戸の実業家の中に利害対立があった。付替工事を湊川改修株式会社の工事ではなく、神戸市の公的事業として行うことを求める動きもあった。また、湊川付替跡地の払い下げや、神戸市に財政負担が大きい跡地利用―結局、一部は湊川公園となった―を、市債発行で進めることへの批判もあった。

日本近現代史の研究者の吉原大志は、「一九〇〇年代前後における海港都市神戸の形成について―湊川付替事業を事例に―」（神戸大学人文学研究科『海港都市研究』第五号、二〇一〇年三月）で、当時の状況をつぎのように整理している。

「神戸市に事業を行う財政的余裕は存在するのか、買収は適正な方法でおこなわれようとしているか、といった公共事業の担い手をめぐる議論が展開していることである。こうした都市経営に関わるような議論が、改修会社買収計画への反発のなかであらわれているのである。このような議論のあり方が、その後の時期に主流となるような、行政が都市の形成や開発を主導的に担う方式を要請したのではないだろうか。……これまでの研究ではほとんど明らかにされてこなかった……一九〇〇年前後の時期においては、海港都市の形成・開発をめぐって、会社方式事業は、都市行政との軍業関係のなかで不可欠の役割を果たしていた……今後の都市形成・開発に関わる研究のなかで、こうした会社方式事業や、民間資本の果たした役割、そしてそれによって生じた矛盾も含めて論点に組み込む必要があるだろう。」
神戸市の都市開発をめぐる問題は、吉原の指摘のように、古くて新しい課題として現在にいたるまで継承されている。

3

生田川や湊川の付替工事以来、神戸市＝港湾工業都市の拡張をいかに進めていくのかは、神戸市官僚にとってDNAともいえる課題となった。こうした背景の下に、現在の神戸市の姿がある。

神戸市に限らず、港湾都市は、国内の産業構造の変化や、それ以上に世界の産業や物流の変化への絶え間ない対応を迫られる。港町の宿命である。ここで、他の港湾都市の状況もみておこう。

いまでは観光地となった門司港は、歴史的建造物が都市のアクセントとなった。重要な観光資源の旧門司税関、旧大阪商船ビル、旧門司三井倶楽部、倉庫群、門司郵船ビルなどは、かつてこの地が日本有数の貿易港であったことを示す。門司港が他の港湾都市にその地位を譲ったのは、朝鮮半島との貿易関係の変化に大きな影響を受けたからである。物流や人の行き来などが大きく変われば、港湾都市は大きな変容を迫られる。

対岸の博多港は地理的条件の良さから、明治一六［一八八三］年に特別港の指定を受けた港である。長崎税関の出張所が設けられ、その後、九州からの農作物に加えて石炭や硫黄の積み出し港として発展した。明治後期には国際貿易港として船溜の整備、大正期には浚渫工事も完成した。昭和二［一九二七］年に第二種重要港湾の指定を受けた。国が直轄する修築工事が行われ、昭和一一［一九三六］年、博多港第一期工事完成記念の博覧会が開催された。博多港はいまでも九州経済を支える中枢の港となっている。

どちらの港湾都市も、多かれ少なかれ神戸と同様の問題を抱えていた。だが、その課題解決の方法において、その後のあり方が宿命づけられた。

ところで、神戸市は国内の優良な港湾都市との競争と協力の下で、どのような課題を解決すべきなのか。海運関係のジャーナリストの稲垣哲は、「神戸港競争力復活へのシナリオ―神戸港開港一四〇年に想う―」(『海事交通研究』第五六集、二〇〇七年一一月)で、つぎのように課題を整理する。

(一)東アジアの物流急増と大規模な港湾開発で、競争関係が強まった国際トランシップ貨物をどのように回復させるか。

(二)震災後の増加した国内地方コンテナ港と、中国・韓国との物流取引拡大の下で、中継港としての物流機能をどのように回復させるか。

(三)神戸港の外国船舶の基幹航路の寄港減少をどのように回復させるか。

(四)神戸立地の主要工場の縮小による物流低下にどのように対応するのか。

(五)神戸港コンテナ体制への船会社の評価をどのように改善するのか。

(六)関西経済の重要業種であった繊維・医療、家電製品が輸出品目から輸入品目へと変化し、物流が減退したことへの対応をいかに早急にはかるのか。

いずれも短期間で対応するには難しい課題だ。なかでも稲垣が重要視するのは、日本でも有数の国際的ハブ機能港としての役割を果たしてきた、神戸港の「中継機能」の低下への対応である。稲垣がその解決策として挙げるのは、つぎ三つの課題への速やかな対応である。先にみた貿易港としての神戸港の比重をどのようにして高めていくかの方途である。

①港としての国際競争力を取り戻すためのコスト競争力の強化。

②過剰設備の整理と大規模なコンテナ・ターミナル設備への集約。

③物流だけではなく、「みなと」の機能を生かした複眼機能をもつ港湾都市へのまちづくり——神戸港、医療産業都市、コンテナバース跡地の文教ゾーンの活用に加え、神戸港から輸出できる製品をもつ新たな輸出産業の強化である。

こうした取り組みが、港湾機能の高度化だけで達成できるとは考えにくい。取り組みは都市経済の発展メカニズムに沿ったものでなければならない。特に、都市の魅力といったまちづくりに着目する場合、それはどのようなものであろうか。

単純化すれば、都市の魅力には、二つの側面がある。

一つめは道路、鉄道、港湾、空港、住宅、公園、上下水道、情報・通信機能、ビジネス支援インフラ等々である。二つめは都市住民だけではなく、企業勤務者や観光客など滞在者が快適に過ごせる風景・雰囲気である。前者がハードであれば、後者は市民の諸活動が生み出すソフトである。都市はハードとソフトの両面で構成され、その特徴を形成する。今後の可能性を加味すれば、神戸市単独で取り組む時代は終焉した。関西国際空港をもつ大阪港とも連携して、西日本全体のハブ機能をもつ港湾としての再生が現実的である。

都市の機能と特徴は、市民や団体組織＝社会活動、企業や組合＝経済活動、行政＝政治活動、メディアや情報関連人材＝芸術や情報発信活動の組み合わせを反映したものである。経済的側面からみれば、都市が、生産・分配あるいは再分配・消費の関係で「ウィン・ウィン」で、かつオープンな補完的分業関係を維持できるかによる。その成否によって、都市の成長が規定される。

生産と分配は、都市活性化の両輪である。生産では競争力の強い産業群の存在が不可欠である。消費では都市住民の購買力だけではなく、他地域の消費者を惹きつけることで、商業やサービス業の動態が規定される。港湾都市の場合には、物流機能の経済貢献がこれに加わる。

競争力の維持では、他地域との「ウィン・ウィン」の関係が必要である。とはいえ、他地域に対する優位性の確保も必要である。それには企業活動だけではなく、レベルの高い研究能力や教育能力をもつ大学や研究機関の立地の有無が、重要な要素となる。岡田は、都市機能をつぎのように整理してみせる（岡田允「都市成長のメカニズムと新しい成長要素について―福岡市を事例として―」『都市政策研究』第一七号、二〇一五年一二月）。

（一）知識・価値創出機能――研究開発、国際研究交流機能、芸術文化創造支援機能、先端科学研究支援機能など。

（二）高次都市機能――広域中枢・管理機能、高等教育機能、国際貿易（経済）機能、国際文化交流機能など。

（三）産業・経済支援機能――人材育成・供給機能、取引支援機能、金融機能、技術等支援機能、創業支援機能など。

（四）市民生活支援機能――居住機能、医療・福祉機能、消費生活機能、教育機能、余暇・文化機能、交流機能など。

これら網羅的な課題をすべて解決できるわけはない。どれを優先すべきか。これは神戸市民の選択課題でもある。神戸に住み大阪へと通うベッドタウン型住民と、神戸に住み神戸で働く職住一体型住民とでは、現状意識や選択の優先順位は異なる。神戸市が神戸市民の町となるか、神戸市役所の所在地の町となるか、いまも問われている。

補論（一）　人口島と港湾都市

「山、海へ行く」のフレーズとともに、神戸沖合に人工島―ポートアイランドや六甲アイランド―が造成されたことで、神戸市だけがそのような港湾土木事業に取り組んだと考えられがちである。しかし、同様に、―山を削り、山中にトンネルを掘りそこへコンベヤルートをつくり、海岸へと運ぶような大規模な取り組みはなかったものの―既存港の浚渫で出た大量の土砂を沖合に運び人工島を造成し、港湾設備を配置した例は他の都市にもある。

たとえば、川崎市は貨物コンテナ量の増大への対応が、既存施設では困難となったことで、リニア中央新幹線工事の掘削工事で出る土砂を埋め立てに利用し、東扇島＝シビルポートアイランドとしてコンテナバースを整備した。福岡市もまたコンテナ貨物量の増加に対応するため、既存港の大水深航路整備後の浚渫土砂を沖合に運び人工島＝アイランドシティを造成した。また、水深一五メートルの大型コンテナ船対応のコンテナ・ターミナル港のほかに、新産業の集積拠点、住宅地の整備を進めてきた。

補論（二）　神戸発企業の特徴

神戸経済界の特徴の一つが、海運会社―外航と内航―の多さである。

明治期から昭和初期にかけて、神戸には多くの海運会社が誕生した。神戸港という日本有数の港に立地することには、利便性があった。三井物産船舶部、山下汽船、辰馬汽船、大同海運（以上は、現商船三井へ）、乾汽船、東和汽船、勝田汽船、川崎造船所船舶部（川崎汽船）、国際汽船（大阪商船と合併）、日本産業汽船（日本郵船へ）、内田汽船、共栄タンカー、第一汽船（中央汽船へ）、太陽海運（太洋日本汽船）、八馬汽船、玉井商船、澤山汽船、東興海運、兵機海運など、多くの企業名をあげることができる。海運関係の貿易会社、金融機関、損害保険会社も多い。

貿易関連企業では、輸入原料を利用するゴム企業はすでに紹介したが、市内に外国人貿易商が居住することで、洋菓子やパン、コーヒー飲料など、現在までつづく老舗企業もある。外国職人の創業が多いのは神戸の特徴である。洋菓子では、ロシア革命時にハルピン、米国シアトルをへて神戸へ移住したフョードル・ドミトリヴィッチ・モロゾフ（一八八〇～一九七一）が、昭和元［一九二六］年、神戸モロゾフ洋菓子店を開店した。昭和一一［一九三六］年に神戸モロゾフ製菓株式会社となる。その後、共同出資者とモロゾフが対立し裁判となり、モロゾフという商標は使えなくなった。そのため、子息は、モロゾフ製菓を離れ、バレンタイン製菓店を立ち上げたが、空襲で店が焼かれる。戦後、コスモポリタン製菓を再度立ち上げた。残念ながら、二〇〇六年に廃業した。一方の、モロゾフ製菓株式会社は、モロゾフ株式会社と昭和四九［一九七二］年に改名され、現在に至る。

バームクーヘンで知られるようになったユーハイムは、第一次大戦下の中国青島で洋菓子店を営んでいたカール・ユーハイムが、日本側の捕虜として来日、関東大震災後に神戸へ移住し菓子店を開業した。

コーヒーやコーヒー飲料では、缶コーヒーで全国的に知られる上島珈琲（現ＵＣＣホールディングス）が昭和六［一九三一］年に創業された。戦後創業企業では、マーガリンからスタートした六甲バターが有名である。六甲バターは、その後、オーストラリアから輸入した原料からプロセスチーズを製品化したことで、全国に知られるようになった。加工煮豆メーカーとして知られるフジッコは、昭和三五［一九六〇］年、富士昆布として創業された。合成保存料や合成着色料を使用しない食品の開発で、成果を上げ、神戸を代表する食品メーカーとなった。

医療産業都市として神戸を印象づけた企業としては、昭和九［一九三四］年に創業され、世界初の電気メガホンを開発した東亜特殊電気（現ＴＯＡ）（昭和九［一九三四］年創業）の研究室から生まれた、東亜医用電子がある。昭和五三［一九七八］年に設立された。その後、シスメックスと改名し、血液や尿などの検査装置、免疫検査用試薬、画像診断、心電図、脳波、超音波などの生体検査の分野で、成長してきた。新しく生まれたベンチャー企業としてはカルナサイエンスがある。同社は日本オルガノンからスピンオフした研究者たちが、神戸国際ビジネスセンターでキナーゼに特化して起こした創薬ベンチャーである。

神戸では、三菱重工や川崎重工など大手造船企業が知られるが、他には、船舶用エンジンの中堅企業の阪神内燃機がある。同社は大正七［一九一八］年に石油発動機の製造・販売の阪神鉄工所として創業された。その後、小型船舶用エンジンや可変ピッチプロペラの開発で知られるようになった。

港湾サービス関係では、上組が明治維新の年に神戸浜仲として創業、その後、現名称となり、神戸港での倉庫・運輸事業に加えコンテナ・ターミナル事業で発展した。また、神戸港での貿易から生まれた商社には、神栄がある。神栄は、横浜港主体の生糸輸出を神戸港でも行うために、地元の銀行たちがつくった貿易商社であった。その後、扱い品目を繊維だけではなく、食品や電気機器にも広げ現在に至っている。コンデンサーや湿度計の研究開発・製造でも世界的に知られる。

神戸生まれではないが、大阪で創業され神戸へ本社を移し、大きな成長をとげたのがフェリシモである。カタログショッピング―通信販売業―から、付加価値の高いファッション製品、生活雑貨、インテリア製品や化粧品などの開発・販売へと業態を進化させた。

神戸は、ファッション製品のトレンドをつくりだした地でもあった。それは、最新ファッションを海外から輸入する時代と、貿易港としての神戸のハイカライメージとが結びついたからだ。現在は、単に最新ファッションの輸入地だけではなく、むしろ輸出地としての神戸を印象付ける企業の登場が必要である。かつてのハイカライメージだけで、ファッション都市として発展することは難しい。

第三章　神戸はどうすればよいのだろうか

他地域のためだけでなく、地元の住民と生産者のために多様で豊かに生産する経済は、供給地域、住民排除地域、移植工場地域の経済のような特化された経済よりも、暮らし向きがよいということである。

（ジェイン・ジェイコブス（中村達也訳）『発展する地域、衰退する地域―地域が自立するための経済学―』）

神戸の中心駅である三宮駅周辺の再開発が始まった。

自動車でもモデルチェンジがよく行われる。そのなかから売れ行きの良かったクルマのデザインが注目される。結果、他社のモデルチェンジでも、似たようなデザインのクルマが現れる。街の外観もそのような傾向をもつ。

しかし、再開発で問われるのは、神戸らしさの原風景の有無である。「神戸らしさ」とは何か。大阪駅や京都駅の周辺とどこが違うのか。建物の形状に特許があるわけではない。著名な建築家が選ばれ、象徴的な建物が建てられる。そこに市民のアイデアがどの程度反映されるのだろうか。もし、それが観光客を増やすためだけで、市民の生活観が反映されていなければ、やがて人びとの日常感性とは疎遠になる。やっかいなのは、人びとがその風景を簡単に捨て去って、他の風景に切り替えることができないことだ。都市計画なるものの厄介さと難しさがそこにある。

新開地としての神戸

1　神戸に限らず、日本の多くの地域が共通の問題を抱えるが、とりわけ、問題になっているのは「人口減少」と「少子高齢化」である。地方都市では、郊外にあったニュータウンがオールドタウン化してきた。かつての、ニュータウンも、時の経過―世代の交代―とともに、住民の世代交代がなければ、オールドタウンになる。人は眼前の問題と課題―いまという時点で―に取り組むものだ。残念だが、二〇年後、三〇年後に現状はどう変化するのかといった問題にまで、具体的な考えや思考は及ばない。

椅子のデザイナーにこのような話を聞いたことがある。良いデザイナーとは、依頼主の現在の年齢だけでなく、その後の加齢も考えてデザインをするという。注文主が二五歳の人であって、いまの時点で座る椅子を作るとしても、その人が六五歳になっても快適に座れるようにイメージして、デザインを起こすという。世界的に知られるデザイナーの思考はすばらしいものだと、感心したことがあった。

気に入った椅子が長く使えれば、なんと素晴らしいことだろうか。体形や体調が変化する、四〇年間の時間経過に対応できる、椅子への取り組みはチャレンジングだ。使い捨てよりは、時間を超えた製品があれば、それに越したことはない。せめて二〇年から二五年が経過しても、快適に座れる椅子のデザインをイメージできれば、素晴らしいデザインというものだ。住宅や都市計画もそうである。社会の構造、経済や産業が変化するなかで、計画の有効性をどこまで保持できるのかが、イメージされるべきである。

神戸市長の久元喜造（一九五四〜）は、第一期の市長就任時に、岩手県知事などを務めた増田寛也との対談—『神戸市の挑戦—持続可能な大都市経営—』—で、人口増加を前提としてきた都市経営を、人口減少が前提となった状況下で、どのようにして「持続可能」なものとするかについて、「大都市内における人口増減、人口移動の状況を正確に把握するとともに、その要因をしっかりと分析する必要がある」と指摘した。

神戸市でも人口が減少してきた。といっても、タワーマンションが建つ中央区、灘区や東灘区では人口が増加した。他方で、周辺区の人口は、減少してきた。結果、「市内中心部一極集中」が起こった。増田は、悪しき事例として米国デトロイト市を持ち出し、「持続可能性につながる成長戦略」とは何であるのか、を問いかける。久元は、つぎのように応じた。

「財政は厳しいです。その大きな原因は、もちろん震災です。一九九五（平成七）年、阪神・淡路大震災に襲われ、壊滅的な被害を受けました。そのため、震災翌年度の震災関連事業費は約二兆八八〇〇億円にも達し、当時は東日本大震災に比べて国の支援措置が非常に薄かったこともあって、事業費の約半分を市債で調達せざるを得ず、市債残高が震災前の二倍以上に膨れ上がるなど、神戸市はたちまち財政危機に陥りました。……二〇年間で職員を三三％削減しました。……神戸市は全国の約二倍のペースで職員を減らしたわけです。（中略）

しかし、行財政改革一辺倒ではやはり限界があるのではないかと思います。現実に、神戸でも地域の荒廃が散見される状況になっていますが、行財政改革一辺倒では、経常経費の削減が優先され、きめ細かな地域への対応がおろそかになってしまう。」

久元市長のこうした問題認識は、震災の被害を大きく受けた神戸市に「特殊」なものではない。それは日本の多くの都市に共通する。市税と地方交付税だけで行政サービスを行うには制約も多いのだ。都市が独自財源を確保するためには、安定した雇用に加え、新たな雇用を生み出す産業の育成が必要である。

かつての「株式会社神戸」―開発主導の「自治体経営モデル」―のような地域経済政策には限界がある。久元はきわめて率直にこの点を振り返る。前掲書で、神戸市政の問題点と課題、そして今後の政策の方向性を指摘している。わたしなりに整理し列記しておこう。

（一）従来モデルの終焉――「時代は変わりました。山を削り、海を埋め立て、ニュータウンや産業団地をつくるという手法でのまちづくりは、いつかは終わらなければならなかったし、現実に、震災前には終焉を迎え始めていました。……『株式会社神戸市』のころは、予算に占める普通建設事業の割合が非常に大きく、扶助費の割合は比較的少なかった……今は生活保護や高齢者福祉、障害者福祉、それら以外のさまざまな扶助費が増えて、社会保障費全体が非常に大きなウェートをしめるようになった」。

（二）社会構造変化への対応モデルの必要性――「社会保障費の膨張の背景には、少子化・高齢化のほか、やはり、格差の拡大により、貧困世代に対するサービスが増加している」ことへの対応。

（三）インフラ老朽化への対応策――「大規模なインフラの更新期を迎えつつあるなかで、長寿命化対策や更新を行う必要が……社会保障費の増大が予想されるなか、財政面からは、全ての公共施設を現在のまま維持していくことは困難……やみくもに公共施設を廃止、縮小することを意味しません。鳥瞰図的に見渡し、将来的な人口移動の予測をたてながら、計画的に施設配置をしていく」。

（四）人口増に対応した産業社会構造からの転換策の必要性――「若者、女性などが質の高い雇用環境の下で働けるようにすることで労働生産性が向上し、税収の増加につなげる。さらにはその果実を活用して、新たな成長分野への投資を行い、持続的な経済成長にむけた循環を創りだす施策展開」。

（五）魅力ある都市空間の形成への取り組み――歩いて交流できる再開発、「空き家・空き地問題」に対応し「荒廃した地域」をつくらないこと、「まちなか防災空地」を利用した災害に強い都市づくり。公共交通の維持。

いずれにしても、これらの政策は経済的かつ財政的な裏付けがあってこそ可能である。

久元は、神戸の産業史をつぎのように整理する。

戦前期――海運業、造船、機械等の産業分野の発展。

戦後期（第一期）――敗戦後の復興を経て後、昭和三〇年代後半からの高度経済成長期。鉄鋼、車両、ゴム製品の発展に支えられた時期。

戦後期（第二期）――昭和四九［一九七四］年のオイルショック、昭和六〇［一九八五］年のプラザ合意以降の時期。市内の重厚長大産業の比率の低下。

とりわけ、プラザ合意(*)以降、神戸市内の重厚長大産業の事業所でも、従来の大量生産体制が見直され、国内外への事業所の移管が進んだ。日本の産業全体も少量・多品種生産と高付加価値化製品の開発・生産へと移行していった。他方、新たな産業ということでは、「医療産業都市構想(**)」が掲げられ、ポートアイランドに研究機関、大学、病院、企業などの集積がはかられた。

＊プラザ合意――日米等の貿易不均衡を背景に、昭和六〇［一九八五］年九月二二日、先進五か国―米国、英国、フランス、ドイツ、日本―の蔵相・中央銀行総裁が米国ニューヨーク市の「プラザホテル」に秘密裏―各国通貨への為替投機を避けるため―に集まり、参加国が為替市場に協調介入した。日本にとっては、米ドルに対して円高への誘導が行われ、為替調整によって日米の貿易不均衡の是正が意図された。ホテルの名前をとって、プラザ合意と呼ばれることになった。

＊＊医療産業都市構想の詳細については、つぎの拙稿を参照。寺岡寛「地域経済とハイテク産業との関連性をめぐって―ハイテク振興と地域政策との関連性―」『商工金融』二〇〇六年六月号（第五六巻第六号）。

医療産業都市構想のほかに、海洋産業クラスター構想の下で、海底資源探索機器、浮体式の建造物などの事業分野への期待、水素産業の育成、都市型ビジネスのベンチャー企業の振興も掲げられた。ただし、すべての企業が、これらの事業分野にシフトできるはずもない。神戸経済にとって、もっとも可能性の高い事業分野に絞って、関連企業群のポテンシャルを高める必要がある。

2　これまでも、多くの地域で産業振興ビジョンが掲げられてきた。わたし自身も、地方自治体に勤務していた時に何度かそのようなビジョンづくりに携わった経験がある。その経験からいっても、先にみたハイテクイメージを取り込んだ産業振興ビジョンは、神戸市独自のものとは言い難い。表現こそ多少異なるが、日本の中規模都市―人口規模で五〇万人以上―のほとんどに、さらには、世界の主要都市に類似する。背景には、都市経済における脱製造業の傾向が強まったことがある。都市から既存産業―とりわけ、重厚長大型―が逃げ出したことで、都市財政が悪化した現状があった。

経済的機能のみに特化した都市発展は行き詰まる。それを打破するために、さらに経済集中を促した産業立地優先―交通・通信インフラも含め―の姿勢は問題視された。経済活動の密度と公害問題を深刻化させたような都市再開発のあり方が問われたのだ。都市への集中は、都市内部の問題を一層複雑なものとさせ、結果、問題解決の社会的費用を巨大化させた。都市経済の解決策には、従来型の産業振興ではなく、都市に相応しい新たな産業が必要である。当然、都市に相応しい産業とは何であるのかが問われる。

そうしたなかで、都市の新たな発展を支える都市型産業が模索されてきた。この時期あたりから、「文化都市論」や都市型の「創造産業論」が世界的に注目された。これは単なる偶然ではなかった。こうした論議に共通したのが、つぎの諸点であった。

（一）脱工業化に相応しい、都市の人的資源や文化資源に呼応したようなマルティメディア、映像、劇場、音楽、美術など芸術全般との連動性を高め、文化産業を支援すること。

（二）都市の文化がその都市のイメージを形成し、観光業などの発展につながりうること。

（三）都市もまたグローバル化に取り込まれるなかで、都市のローカルなイメージを発信すること。

（四）都市の持続発展可能性に相応しい戦略。

これらの点は、後でふれる米国の経済地理学者リチャード・フロリダの「クリエィティブ産業論」での問題提起に呼応する。フロリダは、米国主要都市に相応しい都市産業政策を人材の創造から論じ、都市が外部から「企業誘致」を行う時代から、個人―創造的階級―誘致の時代に移ったことを強調した。英国の都市計画家チャールズ・ランドリー（一九四八～）もまた、都市の発展のための「創造的環境」を強調した一人である。経済学者の佐々木雅幸も、金沢市を事例として創造都市論を展開した。

創造都市論とは、つまり、都市の将来は、その地域の「文化性」に依拠した創造的環境と、そうした創造的環境が創造的人材を呼び寄せられるかどうかが、カギを握るということである。ただし、いうまでもなく、創造都市論は、すべての都市に妥当するわけではない。創造都市論の論者たちが対象にするのは、あくまでも人口規模が一定以上の都市である。

神戸市の将来もまた、こうした世界の都市論の流れの下にある。そのなかで、「国際都市」を自認してきた神戸市は、みずからの都市のかたちを主張できるのだろうか。この点は、わたしの素朴な疑問である。ポイントを整理しておこう。

（一）若い人材の創造——進学校の多い神戸から東京の大学へ進学したのを契機に、神戸へ戻らない、神戸生まれ・神戸育ちの才能ある若者たちをどう神戸市へ惹きつけるか。神戸において才能豊かな人たちが働くことのできる機会の提供がカギを握る。

（二）「企業」対「都市」から、「個人」対「都市」の時代へ——企業を誘致する都市ではなく、個人が住みたくなり、働きたくなる都市としての神戸のアイデンティティを確立できるのかどうか。そのために、豊かな才能をもつ人材を惹きつけることも重要であるが、格差—経済的な格差、健常者と障がい者の格差—のない都市である必要がある。住みやすいまちは、そのようなまちである。住みやすいまちは、働きやすいまちでもある。

（三）住みやすさを保証する働きやすさの提供——働きやすい企業が、神戸市に多様性をもって存立しているかどうか。神戸市はそうした「ビジネス・エコシステム」が提供できているのかどうか。

1　災害復興都市の神戸

久元市長の先の指摘を俟つまでもなく。従来モデルの終焉はいつの日か来る。従来モデルはある日突然困難になったというよりも、以前から徐々に困難となっていた。この点は再確認しておくべきだ。ただし、震災は、それを一挙に顕在化させた。

神戸市は阪神・淡路大震災(*)で大きな被害を受けた。特に、コンテナ・ヤードの深刻な被害は、神戸市民にとって物理的にも心理的にも大きかった。

神戸市は、他の港湾都市に先駆けて、世界の海運の流れを先取してコンテナ化を進めてきた。それが、復興中のコンテナ化＝機械化＋省力化の一層の進展で、それまで人海戦術であった荷役作業―はしけ荷役、船内荷役、沿岸荷役―は大きく縮小し、港湾運送事業は構造不況業種に指定された。

その上に、港湾設備の多くが機能不全に陥った。港湾物流機能の回復には二年以上を要し、その間に、コンテナ輸送は、国内の他港や韓国の釜山港などへとシフトした。単なる現状復帰では、神戸港の競争力の回復は困難となった。将来のあるべき姿の港湾機能をにらんで、いままで以上の神戸らしい港湾サービスを取り込んだ復興が求められた。

＊気象庁による地震名は、平成七［一九九五］年兵庫県南部地震。発生日時は平成七年一月一七日午前五時四六分。震源は淡路島で、震源の深さは一六キロメートル。地震規模はマグニチュード七・三、震度は神戸市内で六（一部地域で七）。人的被害は死者六、四三四人（平成一七年一二月二二日）、不明者三名、負傷者は四三、七九二名、建築物被害は全壊一〇四、九〇六棟、半壊一四四、二七四棟（平成一八年五月一九日）、火災は全焼六、九六五棟、半焼八〇棟、一部二七〇棟、ボヤ七一棟。神戸市によると、震災による直接被害推定額は市内の資本ストックだけで約六・八兆円といわれる。

今後、日本産業全体の競争力の低下で、日本から世界へと輸出する貿易品が減少すれば、当然ながら日本からの物流は減少となる。日本を中継とする物流は、神戸港以外の各港湾都市との協力と競争の下、それぞれの港湾の競争力強化が求められる。

そのための方向性は、神戸の港湾インフラやサービスの向上だけではない。神戸港でも、ＡＩ（人工知能）等を利用した寄港コストの削減、荷主運賃の見直し、より効率的な内航フィーダーネットワークの整備、大型化した船舶が寄港可能な施設の整備、周辺や内陸との便利な接続、輸入品などの加工や再加工に便利な施設―ロジスティックス・ターミナル等―の整備が行われてきた。

これらに加えて、神戸寄港のクルーズ船増便への働きかけもしている。この場合、神戸が単なる通過点となることなく、京都や大阪へ流れる観光客を、どのように神戸に引きとめるかが重要である。神戸の観光資源の開発も、大事な課題である。

しかし、神戸市にとって、震災被害の回復が優先されるなかで、これらの課題に同時並行的に取り組みことは困難であった。各々の業種で、震災後の事業再開にそれなりの時間を要した。結果、製造業や卸売業を中心に倒産・廃業が増えた。

大手企業でも、神戸製鋼所は高炉・加工部門の一部を神戸市から川崎市へ移転した。川崎重工業は商船建造部門を香川県坂出市に全面移転―その後、一部を神戸造船所で再開―した。住友ゴム工業は神戸工場を閉鎖、日本製粉も神戸工場の閉鎖に踏み切った。他方で、建設業界は、公共工事や住宅建設を通して、震災後二年間ほどは神戸市経済を下支えした。

市内に点在する地場産業の被害も大きかった。失った市場を回復させながらの復興は大変であった。伝統的地場産業の灘を中心とする清酒業、真珠加工、洋菓子なども苦戦した。

灘五郷で代表される神戸は、日本有数の日本酒生産の中心地である。「灘の酒」は、京都の「伏見の酒」と並んで全国ブランドを形成してきた。震災で、灘五郷酒造組合加盟の市内の蔵元三一社のうち、半数以上の蔵元が被災し、その後廃業も増えた。

それには、業界の抱える構造的問題もあった。神戸だけではなく、日本酒を取り巻く市場環境は厳しい。酒類全体の嗜好が多様化するなかで、日本酒以外の多種多様な酒類が市場に登場してきたからだ。灘五郷の清酒出荷数量は平成六［一九九四］年には四〇万キロリットルであったが、平成一七［二〇〇五］年には二〇万キロリットルを割り込み、現在は一三万キロリットル台へと推移している。そうした厳しい業界環境の下で、海外での日本食ブームの下、輸出に力を入れている蔵元もみられる。今後、日本酒をベースに、醸造で培われた発酵技術を活かした新分野の開拓など、イノベーションへの取り組みが必要となっている。

清酒と同様の課題をもつのは真珠産業である。神戸の真珠産業の特徴は、輸出産業であり、日本の真珠製品、とりわけ、ネックレス輸出の中心地である。とはいえ、輸出額は平成九［一九九七］年あたりをピークとして減少した。平成一六［二〇〇四］年あたりからやや回復を見せたもの、その後低迷するなど厳しい状況が続く。清酒と同様に、真珠製品も、フォーマルな製品からよりカジュアルな製品への転換が必要となってきており、神戸産地のデザイン力が試されている。

長田区を中心としたケミカルシューズ業界(*)の復興もまた苦難に満ちたものであった。この業界は神戸市内での典型的な住工混在産業でもある。そのため、震災によって生活の場と生産の場が同時に失われた。震災前の平成六［一九九四］年に六六〇億円近くあった生産額は、翌年に六割近く落ち込んだ。生産額は平成一一［一九九九］年に、ようやく五〇〇億円を超えるまでに回復したが、その後、海外からの廉価品の増大もあり再び低迷してきた。真珠製品と同様にデザイン力を活かした取り組みが求められている。

＊この地域の産業史を振り返ると、生ゴムの輸入港であった神戸において、マッチ工業と同様に低賃金層に支えられた輸出産業としてのゴム履物は、昭和五［一九三〇］年あたりには世界トップの輸出量を誇った。その後、ゴム履物に代わって塩化ビニール製の素材を使ったケミカルシューズ産業の興隆をみた。同産業は昭和四六［一九七一］年のニクソンショックあたりまでは順調な拡大を遂げたものの、輸出減によって内需掘り起こしを迫られた。業界はファッション化、高付加価値化を内需掘り起こしの鍵とする路線を歩んできた。生産設備についても、昭和四三［一九六八］年には中小企業近代化促進法の指定業種となり、従来の労働集約的な製造過程の機械化をすすめた。一方で、第三次近代化促進計画の特定業種指定を受けて、デザイン力の強化など知識集約化事業を進めてきた。この過程で、ケミカルシューズ業界の規格統一、合成皮革などの材料規格統一、神戸シューズの統一ブランド―地域団体商標―の普及なども模索されてきた。なお、震災被害では、ケミカルシューズ関連企業約一六〇〇社のうち八〇パーセント近くが倒壊・火災など大きな被害をこうむった。

復興後の企業活動は、結論からいえば、復興困難から廃業数が大きく増えた。背景には、震災前から産地の衰退がすでに始まっていたことがあった。台湾、韓国、中国からの輸入品の増加が、業界にとってボディーブローのように働いていた。小規模企業―自営業者―のパーツ製造を通して、工程間分業が成立してきた産地としては、廃業の増加によって、そのような「サプライチェイン」が分断された。今後、そうした分業構造を社内に取り込んだ企業が産地の中心になりうるのか。そのような中核企業を生みだすポテンシャルが、この地域にあるのかどうかがますます問われる。

産地復興のカギは、工程間分業＝サプライチェインの再構築だけではなく、この地区に歴史的に形成されてきた同郷・同窓・地域内人間関係から構成され、堆積された社会的ネットワークにもある。それは、公的セクターが建物の再建補助をするだけでは、復興できないインフォーマルな社会資本でもある。

復興は、単に建物を新しくしただけで、済むはなしではない。その道のりは実に複雑だ。特に難しいのは、防災上の観点から、従来の住工混在という生活・仕事の空間システムが分離され、それまでの経済と社会のシステムが分かちがたいまでに統一化されていた構造が消え去ったことである。防災と地域の特徴を生かした再開発の接点を、どう維持していけるのか。これは、東北の大震災後の復興でも問われた点である。(*)

＊経済地理学者の山本俊一郎は、長田地区のケミカルシューズ業界の復興計画の今後について「復興事業として計画された二つの構想は、すでに困難な問題に直面し、事業の進捗が遅れている。しかし、当地区にケミカルシューズ関連企業が集積し、数多くの在日外国人が居住する『地域社会』への認識から、シューズ産業の振興とアジア交流の拠点形成を掲げた点は画期的な構想であるといえる。産地全体の生産足数が減少する中で、今後、生産力を維持していくためには、地域と産業が結び付いた『産業地域社会』としての、さらなるＦＭＳ（Flexible Manufacturing System—引用者注）が不可欠である」と指摘する。山本俊一郎「神戸ケミカルシューズ産地におけるエスニシティの態様—在日韓国・朝鮮人経営者の社会経済的ネットワーク—」『季刊地理学』第五四巻（二〇〇二年）。

２

震災は、多くの人の運命と同様に都市の姿も大きく変えた。地震で港湾設備が大きな被害を受けた神戸港の地位は大きく下がった。神戸市の関係者は、その後の回復に大きな苦労とあせりを味わった。

ここで、神戸港に対照させる意味で横浜港の歴史をみておく。

歴史をふりかえると、幕末の開港後、生糸、お茶や銅などの輸出港として、横浜は、荷役・港湾運輸・倉庫業、三井物産に代表された貿易業、日本郵船などの海運業者、横浜正金銀行など貿易金融業を集積させ、日本の代表的貿易港として発展した。

生糸輸出では、横浜港は圧倒的な地位を占めた。明治二九［一八九六］年に横浜生糸検査所—それまでの検査は生糸商が自主検査を行う横浜生糸会社―が設けられた。貿易の急拡大に対応するために、大規模な築港工事も行われた。同時に、横浜船渠会社―三菱重工業と合併―が設立された。その後、日本を代表する鉄鋼、窯業、重電機器、食品などの企業が設立され、横浜は、貿易を中心に関連産業を集積させた日本を代表する港湾都市となった。

しかしながら、大正一二［一九二三］年九月一日の関東大震災で、横浜は壊滅的な被害を受けた。死者・行方不明者数は東京府の三〇パーセントであったものの、被災世帯の割合は市全体の九五パーセントにも及んだ。被害は住宅にとどまらず、横浜税関庁舎、神奈川県庁庁舎、日本郵船横浜支店が倒壊し、倉庫も消失あるいは倒壊で使用が困難となった。

横浜市、とりわけ港湾設備の復興は、政府の東京優先策の下、必ずしも順調なものではなかった。港湾設備の被害は大きく、横浜港からの生糸輸出は停止した。このことで、神戸市は急遽、市議会で神戸市生糸検査所の設立を決定し、震災年の年末には横浜港にかわって神戸港が生糸の輸出港として大きく伸びた。日本のような国では、震災など災害によって、それまでの経済活動が大きく変容を迫られるものである。

その後、神戸港は、横浜港に代わって国際貿易港として弾みをつけた。大阪の紡績業の発展とともに原綿輸入と綿糸、綿織物の輸出で、神戸港はその地位を固めた。それには、急成長著しかった鈴木商店の存在も大きかった。神戸は復興に呻吟する横浜を横目に大きく台頭していった。

一方、横浜港の復興にとって、生糸輸出の役割は大きかった。生糸が横浜港の輸出品目では、戦中期にいたるまで常にトップを占めた。

その後の両港の貿易をめぐる動きは、満州事変から日中戦争へと突き進む戦時経済体制に呼応したものとなる。満州や中国向けの機械など軍需物資が輸出の大きな割合を占めた。輸入では従来の原綿にくわえ、羊毛、小麦など農産物、原油や生ゴムの比率が高くなっていった。

神戸港にとっては、隣の大阪港との関係が重要であった。同様に、横浜港にとっては隣接する東京港との関係が重要であった。横浜港の発展は、関東圏唯一の貿易港として、独占的な地位が与えられてきたことにもよる。他方で、横浜港に陸揚げされた物資が東京へと輸送される割合が増えるにしたがって、横浜港と東京の位置付けも変わった。直接、東京へ輸入貨物を受け入れる東京港の開港を求める声が強くなった。とはいえ、東京港の開港は、横浜市側からの反対運動もあった。

国が関東大震災の震災復興外債の償還に呻吟する横浜市を援助し、その見返りに横浜市が東京港の開港を認める政治決着のかたちで、東京港は昭和一六［一九四一］年に正式に開港した。港には横浜税関東京出張所がおかれた。しかしながら、東京という一大消費地をかかえる横浜港の優位は変わらず、戦時下の軍需増大と中国などアジアへの物資輸送で重要な港湾であった。

しかし、神戸も横浜も戦時下の空襲で大打撃を受ける。横浜は、昭和二〇［一九四五］年五月二九日の大空襲で、市街地の四〇パーセント以上が被害を受け、被災者数は四〇万人を超え、消失戸数は全世帯の半数を超えた(*)。

＊空襲は昭和一九［一九四四］年末から始まった。昭和二〇［一九四五］年三月一〇日の東京大空襲での投下爆弾量の一・五倍にも及ぶ、B二九だけで五百機を超える激しい空襲であった。

第二次大戦後の焼け野原の下で、神戸市も横浜市も港湾都市として復興から成長を目指した。しかし、それ以前に関東大震災後の横浜市と神戸・淡路大震災後の神戸市では、時期こそ異なり、ともに震災復興が目指された。防災に強い港湾都市の見取り図が描かれてきたはずであった。

神戸の土着性の底力

1　前章で強調したように、神戸は、城下町のような封建遺制のしがらみから自由であった。そのため、新しいものを受け入れた。だが、本当にそうなのかと問われれば、それなりの異論はある。

旧居留地から外延的拡大を遂げた三宮周辺を中心とした神戸とは、別の神戸もあるからだ。どこか泥臭い土着性のようなものを感じさせる兵庫区や長田区、別荘地でありどこか飛び地のような須磨区、その周りにある新興住宅開発地の西区。神戸のなかにも、対抗軸が形成されてきた。

神戸市民のなかに深く根付いたような感性があるとすれば、それは何か。それが新しいものを受け入れる度量だとすれば、つぎの問いは当然だ。

（一）なぜ、古い産業に代わって新しい産業が神戸に生まれてこないのだろうか。

（二）なぜ、そうした事業を起こすような人たちが、かつてのように神戸へやってこないのだろうか、

この「難問」に答えるには、日本の労働市場における地域間移動の特徴をみておく必要がある。

サラリーマン―勤め人、被雇用者―には、とりわけ、多くの事業所をもつ大企業の場合、避けがたい転勤がある。多くの人にとって地域間の移動は、もっぱら転勤による所属企業の事業所間の移動である。いま現在の勤務地で働くことを望み、転勤を拒否することは可能だろうか。サラリーマン経験のある人ならわかるだろうが、なかなか言いづらい。この種の転勤拒否をめぐる裁判もある。

個人が自分が生活したいところで、働くのが理想的である。そうだとすれば、地域にそう望む人たちを受け入れる職場があること、もしなければ、みずから職場をつくる＝起業のチャンスがあることが重要であろう。そのような人を多く引きつけ、それをバックアップする人たちの集積、事業を支える資金提供機関や個人の存在が、地域経済活性化のカギを握ることになる。

ここに、神戸市の若年層未婚者への「結婚・出産・子育てに対する意識調査」(＊)（神戸市『神戸創生戦略（第三版）』所収）がある。

＊平成二七［二〇一五］年七月末時点、約四〇〇人の二五～三九歳の未婚男女へのインターネット調査である。

「現在、結婚を意識している交際相手がいる」男女に対して、「交際している人と結婚するとした場合に、結婚後の住居予定地」を聞いている。当然、職住近接が理想的とされ、神戸市に対して、適正な負担で入居できる良質な住宅を望む割合は、きわめて高い。

共働きの場合は特に、子供が生まれれば保育園などが近くにあり、二人の職場が住居から近いことが望まれる。要するに、生活の場と働く場との近接性が重視されている。職住近接は、今後の都市設計において、カギを握っている(＊)。

＊神戸市が地元の大学教授や経済人などを集めて、五年ごとに策定してきた「神戸市基本計画」がある。最新版の『神戸二〇二五ビジョン』では、神戸市の将来像―「神戸をこんなまちにしたい」―として、「未来を拓くおしゃれなまちこうべ―自然に恵まれ、災害に強いまちで、みんなが健やかに、集い、食す―」で、「神戸っ子すこやかプラン」の推進が掲げられている。神戸市でも多くの都市と同様に、保育所の待機ゼロ、地域が担う子育てや見守りなどがスローガンとして強調される。地域の高齢化が進む中で、少子化対応で「神戸らしさ」を具体化したやり方の提示が必要ではないだろうか。

2

地域の土着性の底力を形成する要素は、その土地に根づいた伝統的文化や社会的規範だけではない。地域経済力を高めている、資本力をもつ企業の存在と活動が不可欠である。神戸には清酒やケミカルシューズなどの地場産業に加えて、造船や鈴木商店の関連事業から生まれた重化学工業の企業も多かった。前者は中小企業性業種、後者は大企業性業種に概ね分類できる。また、大企業の存在は、多くの関連下請・外注型の中小企業を集積させてきた。

神戸市が、日本経済を牽引する大都市から、東京などの影響の下、ローカル都市の一つとなった大きな要因の一つは、造船や鉄鋼などの大企業の本社機能の東京への移転や他都市のオフィスとの統廃合の影響である。たとえば、大阪（梅田）駅へは神戸三宮駅からわずか二〇分足らずの神戸には、本社や支社としての地域的独自性がなければ、オフィスは容易に大阪へ移転される。

実際、神戸市の昼間・夜間人口比でわかるように、震災後の神戸市は大阪への通勤者のベッドタウン化してきた。神戸市の全体人口が震災後に減少する一方で、多くの住宅が倒壊した東灘区や灘区でマンション建設が進み、神戸市は東灘区や灘区を中心に大阪で働く人たちの居住都市へと変化してきた。

神戸市が大阪近郊の居住都市として、神戸市内の商業やサービス業の発展を促すかどうか。東灘区の住民にとって、ショッピングやこれに関連する諸サービスの利用において、神戸の三宮周辺と、電車ですぐ行ける大阪梅田周辺のどちらが魅力的であるのか。三宮など神戸市内の商業・サービス業の発展には、大阪との棲み分けが今後一層求められる。

他方、東京にも事業所を有する神戸系の大企業や中堅企業は、実質の本社機能がすでに東京にあり、中枢管理機能の一層の東京への傾斜が強まってきた。このことは神戸経済の質的な発展へ、どのような影響をもたらすのか。東京などを中心に企業の経営上の意思決定がどんどん進んできた結果、神戸での事業活動を疎かにした側面もある。

地域に生まれた企業の発展過程をみれば、一定限度までは企業規模の拡大が地元の雇用を増加させる方向で進んでも、企業のさらなる成長によって、ある時期から大阪や東京など他の大都市圏へと事業活動を拡大することになる。その後、本社機能など中枢管理部門が東京へと移転してしまう。

こうした経緯をみれば、神戸市の経済的発展には、つぎつぎと新たな企業が生まれ、企業が成長とともに他地域へと移転したとしても、一定時点までは地元の経営資源を活用しながら事業が展開されることが重要となる。それこそが神戸の土着性、経済的ポテンシャルの底力ということにならないだろうか。

第四章　神戸はどう変わってしまったのか

富と所得の分配における不公正を減らさなければならない。……友情や自然との調和という基本的価値の実現をめざすなら、中央集権化やグローバリゼーションを緩和して地方主義へと軸足を移すべきである。こうした条件はすべてそろって初めて意味があり、どれか一つ欠ければ、程度の差はあれ他も危うくなる。……生産あるいは政治の地方回帰、人格、尊敬、自然との調和といった基本的価値と切り離しては実現できない。

（スキデルスキー、ロバート・エドワード（村井章子訳）『じゅうぶん豊かで、貧しい社会―理念なき資本主義の末路―』筑摩書房）

「グローバル化」や「グローバリズム」といった言葉が、飛び跳ねるようになって久しい。グローバル化の対語である「ローカル化」、グローバリズムの対語の「ローカリズム」は、どこかに置き忘れられたような感がある。

ローカリズムやローカル化のないグローバリズムやグローバル化、グローバリズムやグローバル化のないローカリズムやローカル化は、やがて行き詰る。いや、すでに行き詰まっている。神戸市民は、その轍を踏んではいけない。神戸開港一四〇年の間に学ぶべきは、そのような知恵なのかもしれない。

神戸病の処方箋

１　都市政策研究家の広原重明は、神戸市百年の歩みを振り返った『神戸百年の大計と未来』で、大震災後の神戸市の歩みをつぎのように総括した。

「『復旧も復興』を掲げた神戸は、震災を奇貨とした更なる開発政策に踏み切り、神戸空港建設、新長田南再開発、上海・長江交易促進プロジェクトなどの巨大プロジェクトに着手した。

それから二〇年余の現在、これら巨大プロジェクト(*)に対する歴史的審判はすでに下されている。市民の圧倒的反対を押し切って建設した神戸空港は、過大需要予測にもとづく赤字から脱却できず、ついに空港運営権売却（コンセッション）に追い込まれた。疲弊した下町に場違いの巨大商店街を建設した新長田南開発事業は、商店の採算が取れずに廃業や閉店が相次ぎ、次第にゴーストタウン化の様相を深めつつある。……いまや震災復興促進プロジェクトの多くが『負の遺産』となって神戸の行方を阻み、過酷なまでに市の財政運営を苦しめる。」

*神戸の巨大プロジェクトとしては、このほかに「医療産業都市」構想がある。

広原は、こうした現状認識に立って、今後の神戸市の発展方向のあるべき姿、そのために解決すべき課題に言及して、つぎのように九項目を挙げた。

（一）「大神戸」構想に代わる持続可能な「新しい都市像」の創生。
（二）神戸らしい「都会文化＝アーバンライフ」の再発見と発掘。
（三）西欧型ハイカラ都市から「多文化共生都市」への発展。
（四）「新開発（郊外開発）」中心から「既成市街地再生」への政策転換。
（五）市役所―テクノクラート―主導の計画からイベント行政の住民まちづくり活動へ移管。
（六）「計画しすぎる都市」から「計画しすぎないまち」への誘導。
（七）「集権型ピラミッド」構造から「分権型セミラチス」(*)構造へ都市構造の転換。
（八）「用途純化型」ゾーニングの機械的適用からモザイク状の多様な混合地域（多機能共生地域）の活用手法の開発。
（九）スペース・アンド・タワーの画一的都市景観から界隈性を生かした多様で個性的な都市デザインの培養。

＊ウィーン出身の数学者で建築家のクリストファー・アレグザンダー（一九三六～）が唱えた「都市はツリー（木）ではない」という主張から生まれた考え方である。たとえば、家系図や系統図といったツリー（木）のように枝分かれした構造ではなく、構造を、個々の構成要素が多義的で複雑に結合した関係としてとらえようとする。ラチスは「格子」であり、自然発生的な都市の姿をセミラチスであるとした。

「計画好き」の神戸市官僚によって計画されすぎた神戸市は、果たして計画されたような「理想郷」へと変貌を遂げてきたのか。ただ単に、神戸住民―神戸市民―を置き去りにして、計画都市的な神戸へと変貌させただけではないのか。たとえれば、乗客を出発駅に残したまま、電車を走らせたような状況ではなかったのか。

ここで神戸市役所主導の都市構想史を振り返っておく必要がある。もし、「神戸病」という疾患があるなら、それは計画好きな神戸市テクノクラートによるまちづくりの弊害かもしれない。そうだとすれば、その治癒の方向性は、ロジックとして、広原のいう「計画しすぎない」まちづくりへの転換である。

広原の指摘に共通するのは「持続可能性」である。換言すれば、それは神戸市の「身の丈に」あった神戸らしさの探求ではないだろうか。たとえば、前に取り上げた神戸空港についても、関西空港など国際便中心の国際空港に対して、地方空港である神戸空港の維持に必要な年間発着便数などは、伊丹空港との比較から割り出せたはずである。

神戸市民の開港計画に対する批判も、この点が中心であった。神戸市民の声―反対署名は約三一万筆―に、専門家＝神戸市官僚は素直に耳を傾けただろうか。神戸空港の開港後の大苦戦も予期しきれなかった誤算でなく、ある程度予想されていたのではあるまいか。

神戸空港は、平成一一［一九九九］年、起工式が行われ、平成一八［二〇〇六］年に開港した。その後、赤字経営のまま空港運営権は売却された。こうした売却は「コンセッション」と呼ばれるが、それは、かつての日本陸軍が敗走を転進と表現したことに共通するかもしれない。わたしの専門分野の政策史においても、日本でのこの種の横文字使用は、しばしば実態の惨状を覆い隠すために利用されてきた。そこに誰も責任をとらない官僚制度の問題が集約されている。

三宮駅中心の中央区と新たに造成された須磨区ニュータウンの間にある長田区は、震災前から「インナーシティ問題」(*)の縮図地域である。この地域は、ケミカルシューズやゴム製品など神戸の代表的地場産業の集積地であり、南北方向に古くからの商店街があった。震災による全焼・全壊は、大正筋商店街などでは全体の八割近くと被害が大きかった。震災後の新長田南再開発は、高層ビル建設を中心に進められた。地元の商店関係者たちと神戸市との温度差があるままに、現在に至っている。

*都市が拡大する過程で都市の中心市街地の住宅環境が悪化し、夜間人口が減少して、都市空間としての機能が低下すること。インナーシティ問題が都市の衰退問題と関連させて論じられるようになったのは、一九七〇年代のロンドンやニューヨークの財政問題や都市問題への対応においてである。そして、一九八〇年代には、世界の大都市が同様の問題を抱えていることが知られるようになり、どのようにして、都市を再活性化させるのかが問われた。この背景には、日本を含め大都市での脱製造業の動きがあった。当然ながら、脱製造業＝サービス産業化に適応した人たちと、そうではない人たちとの経済格差は拡大し、都市の衰退地区に残された人びとの失業・貧困問題が生じた。都市の経済再活性化と就業構造の改善、老朽建築物のリニューアルやその地域の再開発、貧困地区における社会的・政治的・経済的不利益の改善が求められた。こうした問題の表出はそれぞれの国や地域によって異なった。

インナーシティ問題と結び付きの強い商店街の衰退は、もちろん、神戸市だけに限ったものではない。人口の減少、商店の後継者問題、商店街組織の問題など、日本の多くの地域で解決に苦戦してきた問題がある。ただし、神戸市において状況が加速度的に悪化したのは、阪神淡路大震災の影響であった。

神戸市についてみれば、全体の人口減少は二〇一二年より加速した。一部の中央区などでは増加したものの、長田区や隣の兵庫区では、人口の減少が続いた。こうした傾向の下では、住民や買い物客の増加は見込めず、なかなか解決策が見えてこなかった。

何事も、机上プラン通りにいけば、はなしは至極簡単である。神戸市は、この種の計画においては、いまだに高度成長志向主義、正確には行政主導高度成長信仰である。それは市長から市長へと長年引き継がれた神戸病といってよい。この病の慣性力は、大震災では止まらず、来るべき人口減少社会を想定し新たな構想を考える余裕はなかったようだ。政策における創造的な思考は停止したままであった。

結果、従来の成長主義を踏襲し、皮肉にも、それを一層加速させる方向に働いた。大震災の下では、気落ちして、それまでの考え方を改めるには至らず、過去の考え方にとどまったほうが楽であったかもしれない。わたしたちは、神戸市民のもつ本来のポテンシャルを活かすまちづくりとは何であるのかを、あらためて、じっくり、ゆっくりと考えて、すこしずつそのような方向性をさぐる手間を惜しんではならない。

いうまでもなく、産業はほぼ同一事業分野の企業の集合体で構成されている。製造業の場合、たとえば、造船業では、造船とその関連企業が集中立地することで、外部にその地域が造船産地として印象づけられる。同様に、一地域に自動車企業やその部品・加工関連企業が集中立地することで、自動車産業の地としての外部には映る。豊田市を中心とする愛知県はその典型であろう。これはあくまでも「何をつくっているのか」という視点からのとらえ方である。

こうした産業的視点は、大きくは第一次産業、第二次産業、第三次産業の分類的発想に基づく。この概念は、英国の経済学者コーリン・クラーク（一九〇五～八九）による。そして、クラークは先進諸国の産業構造の変化に着目し、国民所得や就業者人口において、第一次産業から第二次産業、そして第三次産業へと移行するとした。いわゆる、「ペティ・クラークの法則」である。

しかし、実際のところ、第一次産業と第二次産業との境目は、バイオテクノロジーの著しい発展によって、曖昧なものになっている。第二次産業と第三次産業の境目も、コンピュータというハード機器の登場があったものの、それに関連するソフトウェア産業の登場によりあいまいなものとなった。第二次産業に属する企業に務める者をみても、かつてのように製造に直接携わるよりも、実際には、製造支援のサービス業務に従事する人たちも多い。

「クリエイティブ資本論」を展開してきた経済学者のリチャード・フロリダは、『創造階級の興隆論再考』（邦訳『新クリエイティブ資本論―才能が経済と都市の主役となる―』）で、人びとの働き方やその内容がこの数十年で大きく変化してきたなかで、つぎのような四種類の「職業分類」で、経済をとらえるべきだと主張する。

（一）クリエイティブ・クラス（スーパー・クリエイティブ・コア）

- ・コンピュータ、数学に関連する職業
- ・建築、エンジニアリングに関連する職業
- ・生命科学、物理学、社会科学に関連する職業
- ・教育、訓練、図書館に関連する職業
- ・芸術、デザイン、エンタティメント、スポーツ、メディアに関連する職業

（二）クリエイティブ・クラス（クリエイティブ・プロフェッショナル）

- ・マネジメントに関連する職業
- ・業務サービス、金融サービスに関連する職業
- ・法律に関連する職業
- ・医療に関連する職業

・高額品のセールス、営業管理に関連する職業

（三）ワーキング・クラス

・建設、採掘に関連する職業
・設置、保守管理、修理に関連する職業
・製造に関連する職業
・輸送、資材運搬に関連する職業

（四）サービス・クラス

・医療支援に関連する職業
・調理、飲食サービスに関連する職業
・建物、土地の清掃、保守管理に関連する職業
・介護に関連する職業
・低価格品のセールスに関連する職業
・事務、業務補助に関連する職業
・コミュニティ、社会福祉に関連する職業
・保安サービスに関連する職業

（五）農業

・農業、漁業、林業に関連する職業

では、クリエイティブ人材層の厚みとクリエイティブ産業は、どのような関係性をもつのか。ここでいう

関係性とは、両者の方向性のことである。クリエイティブ人材を引きつければ、自然にクリエイティブ産業が興隆するのか。あるいは、クリエイティブ産業の興隆が、クリエイティブ人材を引きつけるのか。もし、前者が有効であれば、クリエイティブ人材を引きつける都市の魅力をどのように形成するのか。

日本でも、クリエイティブ産業論以前に、クリエイティブ都市論が一九九〇年代後半から起こった。背景に、従来型の重厚長大産業が都市で縮小を続け、新たな産業が必要となったことがある。人的要素の強い産業特性をもつ芸術文化関連産業―演劇、音楽、美術など―、デジタルコンテンツ産業、広告、工芸・ファッション産業、研究開発系分野がクリエイティブ産業論に等値された。この概念は、先にみたフロリダのクリエイティブ資本論にも共通する。

神戸市も、平成一六［二〇〇四］年、「神戸文化創生都市宣言」を行い、その翌年、「神戸文化再生都市プラン」を策定した。重要なのは、従来のように、産業育成＝企業誘致ではないことだ。従来であれば、工業団地などを造成し企業を誘致して、企業の集積度を高めることで産業育成をはかった。そのような政策思想が強かった。だが、クリエイティブ産業振興の視点では、他地域からクリエイティブ産業の企業を誘致するだけでは、何も生まれないことになる。先のフロリダが分類したスーパー・クリエイティブ・コアの形成がすぐに出来上がるわけではない。まずは、クリエイティブ・プロフェッショナル人材を地域に引きつけ、そのような人材がクリエイティブ起業を行い、クリエイティブ企業の集積効果を高める必要がある。この循環の形成が、クリエイティブ産業を生み出す可能性につながる。

整理すると、〈クリエイティブ人材の当該地域への移住→クリエイティブ人材による起業―スタートアップ―→クリエイティブ企業が次々と生まれる→そのような連鎖効果による企業集積→クリエイティブ産業の成長→地域経済の活性化〉ということになる。

地域にクリエイティブ人材を集め、さらに人材のクリエイティブ度を高めていく必要がある。その根底には、クリエイティブ起業への期待がある。既存企業が従来の産業からよりクリエイティブな事業分野へと、事業転換を果敢に進めることができれば、クリエイティブ産業の集積効果の一層の進展も期待できる。まずは、神戸市へとクリエイティブな人材が集まることが大事なのだ。

2　リチャード・フロリダは、ジェイン・ジェイコブスの都市論から大きな影響を受けた経済地理学者である。フロリダは、ジェイン・ジェイコブスの描いた、多様でつねに革新的―イノベーティブ―な都市論＝都市産業論をさらに前進させた。

半世紀以上前のジェイコブスの考え方が、なぜ、いまも影響をもつのか。(*) それは都市の再生が必ずしも容易でなく、その方法を現在も模索中であるからだ。ここで、ジェイコブスの考え方にふれておこう。それが神戸の都市再生の有効な処方箋になりうるのかどうか、ここがポイントである。

＊ジェイコブスは、ニューヨークなどを歩き回り、専門家ではない主婦の視点から『アメリカ大都市の死と生』（一九六一年）を著した。彼女は、コルビジェなど専門家の唱えてきた都市計画論や都市再開発論の原理に異議を唱えた。

ジェイコブスは大都市が多様性を維持し、さらなる発展を遂げるために必要なものとして、都市官僚―テクノクラート―の凝り固まった開発思考ではなく、①人びとの「混合性―多様性―」、②「小さなストリートの必要性」、③「古い建物の存在」、④「密集性」を掲げた。これらはいずれも都市の死をもたらした要因とそれまでみなされていた。

（一）混合性（多様性）——異なる目的をもって、異なる時間帯にいろいろな人たちが行き交うことである。これにはいろいろな企業の存在も含まれる。

（二）小さなストリート——小さなブロック（街区）で区切られ、そこに小さな横道があり、人びとは目的地へいろいろな行き方が可能であるような、ストリートの多様性があること。

（三）古い建物——いろいろな時代に建設され、さまざまなデザインの建物が混在していること。

（四）密集性——一定の人口密度があること。

（一）の混合性は、都市がさまざまな人たちが行き交うことで、活気—創造的なエネルギー—が生じる場であることを示す。しかしながら、ジェイコブスの時代、（二）は、犯罪増加の原因とみる向きも多かった。ジェイコブスは、それは実態を誤認した偏見であるとみた。ジェイコブスは、これら四つの要因の絡まり—結合—こそが、都市を再生させるとみなしたのである。

第二次大戦後の一九五〇年代は、米国経済の輝かしい時代であった。この時代、人びとは、都市を捨て郊外に造成されたニュータウンに住み始めた。また、消費を競って、自動車中心の生活へと移っていった。そのころ、日本でも、同様に、都市の膨張＝過密化が進展するなかで、郊外へと人口が押し出されていた。

ジェイコブスの時代、大都市問題の「先進」地＝ニューヨークやシカゴでは、都心の再開発によって、荒廃した都市を再生させるには、どうすればよいのか、が模索されはじめた。都市計画家たちは、郊外化のシンボル＝車社会のスタイルにこだわった。彼らは、快適に移動できる手段＝自動車を手にした市民たちの生活を、都市でも再現しようとした。そして、古い建物や小さな街路をブルドーザーで潰し、自動車＝高速道路網中心の大規模な都市計画を実行に移した。当時、子育てで忙しかった一主婦であったジェイコブスは、ニューヨーク市の都市計画を牽引してきたロバート・モーゼス（一八八八〜一九八一）にかみつき、彼の都心再開発計画の見直しを促した。

結果からみれば、大都市の人口は都心の再開発で再び増加した。この点では、都市は再生した。しかし、街からうるおいが消えてしまった。犯罪が増加し、自然破壊は進んだ、とジェイコブスは批判した。

そのようなまちづくりは、都市に住む人たちから創造性と真に豊かな生活を奪うのではないか。古い建物を取り壊し、高層ビルを建設することが、なにをもたらすのか。

それは単に景観を変えただけではなかった。地区の地価や賃料は上昇し始めた。ジェイコブスは、子育て中の母親たちと、ニューヨーク市の都市計画関係者に戦いを挑んだ。

そうした町の変貌は、功なり名を成した老人たちを引きつけても、子育て中の世代を含め、新しいことを試みようという創造的な若い人たちを遠ざける。当初は若い芸術家たちが安い賃料ゆえに住みついたとしても、やがて、レストランやしゃれたブティックが立地し、地価が上がれば、そうした若者は遠ざかる。その後、発展力を失っていくケースは多い。いわゆるジェントリフィケーション（*）である。

＊低所得層が住む地区に、再開発などで新しいビルなどが誕生して、地価や賃料が上がり、そこに住んでいた人たちが住めなくなったり、また、所得の低い若者層を引きつけることがむずかしくなり、結果、代わって高所得層が移り住み、その地域の歴史性や文化が失われていく都市の再編現象を指す。

ジェイコブスの見方がすべて正しかったはずはない。だが、慧眼であった。流行好きの神戸市関係者も、世界の他の都市と同様にジェイコブス流の「創造都市」構想を打ち出した。しかし、ジェイコブスのアイデアを神戸市へ、そのまま模倣・適応はできない。それこそ、彼女の慧眼を現在に生かすには、「創造力」をもつ都市計画家と創造力豊かな住民たちの存在が必要なのだ。

ジェイコブスの所論は、(*) そのまま地域イノベーション論にもつながる。事実、建築家や都市計画家以外にも、ジェイコブスの都市論からイノベーション論を展開する人はいまでも多い。ジェイコブスのいう住民の多様性論は、都市における多種多様な中小企業や小規模企業の存在の重要性を示唆する。都市経済の多様性は、企業間の多様なネットワーキングを形成し、イノベーションを生み出す。また、既存企業からスピンオフする事業家の苗床ともなる。つまり、都市のあり方全体がインキュベーションの機能を果たす。ここまでくれば、フロリダのクリエイティブ資本論となる。

＊上からの自動車交通・道路優先都市計画に反対して、子育て中の主婦から「都市評論家」となったジェイコブスの歩みには、日米、神戸市・ニューヨーク市の違いを超えて、大きな問題提起がある。ロバート・モーゼスは、彼の在職中に五人ものニューヨーク市長が交代するなかで、反世紀近くにわたってニューヨークの都市計画の「責任者」の地位にとどまった人物である。それは原口忠次郎以来、都市計画が歴代市長へと引き継がれてきた神戸の構図に通じる。神戸市にとって不幸といえないまでも、幸福ではなかったのはジェイン・ジェイコブスのような市民を持たなかったことであった。

今日、低層住宅などを取り壊し、自動車優先の道路と高層ビル群を立てることが都市計画とされた時期から、歩行者と公共交通優先、歴史的建造物の保護・保全による景観保持などを中心とする町づくりへと、ニューヨークをはじめとする多くの都市が復帰してきた感もある。それは東京や大阪、名古屋などの大都市も同様であり、東京や大阪の後追い意識が強かったローカル都市神戸もまた都市計画のあり方をきちんと見据える必要がある。

ジェイコブスは住民＝市民の意志を尊重したが、神戸にとって市民の意志とはなんであるのか。わたしたちには、建設をめぐるビジネス上の利害関係に絡まった関係者とは別の、親から子、そして孫へと引き継ぐべき神戸市百年の計に関心を寄せる神戸市民の思いを、都市計画へと昇華させるシステム―審議会などの名目上組織ではなく、より実質的なもの―が欠如していたとはいえないであろうか。

他方で、市民が本当に都市計画などに興味をもてば、都市計画の実施にいたるまでに途方もない時間とエネルギーが必要となる。それを民主主義的必要コストとみるのか、限られた財源と時間の下での非効率的な手続きとみるのか。都市問題ジャーナリストでジェイコブス論を展開したアンソニー・フリントは、『モーゼスとの闘い』（邦訳『ジェイコブス対モーゼス―ニューヨーク都市計画をめぐる闘い―』）で、『アメリカ大都市の死と生』で著名となり、その後の都市計画に大きな影響を与えたジェイコブスの存在についてつぎのように指摘する。

「『アメリカ大都市の死と生』が、彼女をあがめてきた若い市民活動家や学生、そして都市計画家に与えた影響はまぎれもないものだった。アメリカじゅうの都市活動家はジェイコブスを手本に、地方自治体を監視する番人として行動し、街角のゴミ箱問題から、摩天楼建設の日照問題に至るまで、あらゆることに口を挟もうとした。……旧来の都市再生計画やトップダウンの再開発計画は、恥ずべき過去となった……アメリカの開発事業はジェイコブスの活動によって全く変わってしまった。建設業者も自治体政府の役職員も、一様に近隣地域の利害関係者に対して配慮し、手続きを進めるにあたりあらゆる段階でコミュニティを巻き込むのである。」

高速道路建設反対を唱えた時期には、おそらくジェイコブス自身も、予想もしなかったほど彼女の影響力は、その後ニューヨーク市の財政破綻もあったことで倍化した。これは、財政問題が悪化するなかで、従来の開発手法が見直された、神戸の構図とも重なる。

3　これまで神戸市は、いくつもの「基本構想」を掲げ、自らの処方箋を書いてきた。神戸市はスローガン好きである。神戸市スローガン小史をみておこう。

（一）「神戸市復興基本計画」（昭和二一［一九四六］年）、「神戸市総合基本計画」（昭和四〇［一九六五］年）

――長田副都心構想をめぐる課題。

（二）「人間都市神戸」――昭和四九［一九七四］年にすでに二一世紀にむけて、理想都市のあり方として「市民一人ひとりが育て上げる市民主体都市」、「人間環境都市」、「人間福祉都市」、「市民文化都市」、「国際・情報都市」から成る「人間都市神戸」構想を打ち出した。

（三）「創造都市戦略」――「ファッション都市宣言」（昭和四八［一九七三］年）、「コンベンション都市」（昭和五六［一九八一］年）、「アーバンリゾート都市」（平成五［一九九三］年）、「デザイン都市」（平成一八［二〇〇六］年）。このうち、「デザイン都市」は、神戸商工会議所からの提言に応えたかたちである。

（二）「人間都市神戸」について、宮崎辰雄市長（当時）は、財団法人神戸都市問題研究所『都市政策』創刊（一九七五年一一月）に、自らの「二一世紀の神戸」論を寄稿している。

宮崎は、これらの基本構想が神戸市政の「憲法」であり、「戦後三〇年、一つの時代が終わり、低成長時代への移行、公害告発に端を発する人間尊重主義の台頭などにより、経済・社会情勢が激しく激動する中で、新しい都市社会の秩序が模索されている」ことを強調した。宮崎は、従来と同様に今後も、「市民のコンセンサス」に基づく行政指導の継承を強調した。

同号に「市民主体都市への構図」論を寄稿した神戸新聞論説委員（当時）の梶真澄は、「市民参加に対する一種の不信感や反発が役所内にある限り、市民参加の推進は役所全体のふんいきとはなり難い。その点、神戸市の場合はむしろ例外的で、市民会議の推進役を務めた企画局、区民会議の推進役の市民局を、全部局を後押ししている姿はめずらしいほどだ、といえばウソになろうか」と指摘した。だが、他方で、梶は神戸市の審議会運営に対して、つぎのように疑義を呈した。

「審議会は、いわゆる各界を網羅して代表が選出されているが、……権威ある人物だとしても、その人物が必ずしも委員会のテーマにふさわしい人物とは限らないこともある。……各界代表という市民代表のあり方なので、委員自身がそのタテマエにしばられている、といった面も見られるのである。そればかりではない。たとえば兵庫県下なら兵庫県下で、どの市町の委員会審議会にも顔を出している、いわゆる学識経験者といわれる人たちがいる。しかも、そういう人たちは委員長や専門部会長の席につくことが多く、このためどこの市町の委員会、審議会も似たような結論になることがしばしばある。……もちろん、どこの自治体でもそうだというわけでは決してないが、委員会や審議会は、市民参加の形骸化、空洞化を導きやすい。」

わたし自身の経験―事務局を務めたこともあるし、委員や委員長を経験したこともある―でも、この種の委員会の委員の選考にあたっては、当初から意見や考え方を異にする人たちの参加は稀有であったと思う。必然、同一方向の意見の人たち、とくに序列感の高い組織などの関係者に参加を要請するほうが圧倒的に多いのである。出来レースの傾向は強い。

「人間都市神戸」の基本構想については、(*)当時の神戸商工会議所会頭の砂野仁―川崎重工業会長―は、率直に「経済界の印象の第一は、経済面があまりにも軽視されている……産業活動の発展に不安を感じた」と心情を述べている。この背景には、関西新空港の泉州沖決定によって神戸経済の方向性が不明確になってしまったことがあった。砂野は、つぎのように課題を整理している（前掲『都市政策』創刊号）。

＊神戸商工会議所は、こうした諸点を「新神戸総合基本計画に対する意見」を昭和四九［一九七四］年八月に発表している。

（一）環境・立地規制により工場の新増設が困難になるなかにあって、建設中の西神インダストリアルパークへ機械系産業を中心として工業再配置が行われつつあるとはいえ、「脱工業化」が進む中で「知識集約産業」の育成が可能かどうか。

（二）知識集約産業としてのファッション産業は当然のことながら、既存工業の高度化が可能かどうか。

とりわけ、中小企業への有効な対応策はどうあるべきか。

（三）港湾のコンテナ化と地域経済との関係の希薄化にどのように対応すべきか。

（四）知識集団の育成をどう図るか。—学術、文化都市への期待。文化的人材の流出を防ぎ、地元文化を地道に育てる必要性。

こうした構想転換は、神戸市だけではなく、当時、高度成長経済から安定経済成長への移行を余儀なくされた多くの都市でも、模索された課題であった。

「ファッション都市」構想は、宮崎市長が昭和四七［一九七二］年に神戸市会で言及し、神戸のあるべき方向性として神戸財界とともに打ち出したものだ。この構想は、海運、造船、鉄鋼といったこれまでの主要産業から、新たにファッション産業の振興をはかるという、神戸市の対外的アイデンティティ＝都市像の表明でもあった。具体的な動きとして、六甲アイランドに大規模展示場「神戸ファッションマート」をオープンさせた。ほかに、神戸芸術工科大学を誘致したのも、そのためであった。

しかし、神戸が日本で初めて「ファッション都市宣言」を行ったからといって、パリやミラノのように新作発表会—パリコレなど(*)—が開かれ、デザイナーが集まり、世界が注目するような神戸発のファッショントレンドを創出し、結果、ファッション産業が成長し、「神戸コレクション」が成立したのかどうかというと、疑問である。東京とて同じである。この構想の実現にあたっては、日本らしさや神戸らしさを担うデザイナーの存在が、カギを握る。

＊フランスのパリで開催される著名デザイナーのファッションブランドのプレタポルテ新作発表会の俗称である。春先には秋冬物、秋には春夏物が発表される。世界中からバイヤーやスタイリスト、ファッション関係のメディア関係者、ファッ

ション評論家たちが集まる。パリのほかにも、ミラノ、ロンドン、ニューヨークが著名である。パリコレはすでに一世紀以上の歴史を有す。ファッションが高級注文服―オートクチュール―からプレタポルテ―高級既製服―中心のかたちになったのは一九七〇年代以降といわれている。

パリ、ミラノ、ニューヨークのコレクションで活躍した森英恵（一九二六〜）、三宅一生（一九三八〜）、兵庫県出身の高田賢三（一九三九〜二〇二〇）は、日本では活躍の場が限られていたことから、世界へ飛び出したデザイナーたちである。彼らの時代とは異なり、若いデザイナーたちが自分たちのファッションセンス開花の場を、神戸に求めてくれるかどうか。そうしたファッションの場の雰囲気を、どのようにして神戸に作り上げるのか。

神戸市の「ファッション都市宣言」から、早やすでに半世紀が過ぎた。ファッション都市の要素として「国際色豊かな独自の生活文化」を持つ神戸らしさが強調された。国際色豊かな独自の生活文化とは何なのか。神戸市がはたしてそのような場なのか。いまも問われている。

古い神戸から新しい神戸へ

1　神戸市政への評価も変遷してきた。かつて地方自治体「経営」のお手本とみられた神戸市への評価が、従来の評価から大きく下がった。厳しい地方財政の時代の下では、「勝てば官軍、負ければ賊軍」というわけである。

たとえば、経済学者の宮本憲一は、「都市経営の総括」論で、戦前の大阪市長の関一（一八七三〜一九三五）以来の自主財源に基づく都市経営を引き継ぐ流れの下に、二〇年以上続いた宮崎市政を、つぎのように位置付けた（財団法人神戸都市問題研究所『都市政策』季刊第五九号所収、一九九〇年四月）。

「私は宮崎市政が都市経営論の伝統をうけついで、その戦後における本流であると考える。それだけに都市経営論のもつ長所と短所がその中にはっきりと刻印されていたように思う。」

宮本は、宮崎市政の手法をつぎのように整理した。

（一）公共デベロッパーとしての業績――「山を削り、海を埋め立て」、都市開発を行った手法については、その収益を一般会計に組み込み、工業用地や宅地開発を行うことができた。大阪府等の収益よりも高かった。

（二）民間主体の乱開発を防ぎ、官主導で都市インフラの整備が可能であった――ただし、市民の宅地購入額は民間よりは安かったものの、概して割高であり、明石市などの周辺への人口流出を招いた側面もあった。

（三）事業主体が神戸市ではなく、その外郭団体を中心に事業の効率的運用が目指された。

「神戸型」ともいえるこの開発モデルは、一定以上の経済成長と地価の上昇を前提にして可能であった。

事実、この時期に、神戸モデルは大きな転換期をすでに迎えていた。宮本も、つぎのように予測した。

「もしも成長が鈍化し地価が下落すれば、この神戸方式は瓦解する。かりにそのような破局がすぐにおとずれないにしても、スクラップ・アンド・ビルド型の神戸方式は必ず、旧市街地の衰退すなわちインナーシティ問題をひきおこす欠陥をもっている。インナーシティ問題は宮崎市政の第四期から政治課題になっているが、基本的改革が進まない。それは公共デベロッパーとしての神戸市のもつ必然的な欠陥なのではないだろうか。

また、収益を重んずる埋立地の経営は、どうしても安全でアメニティのある都市空間をつくれない。ポートアイランドは外からの訪問客に華麗な都市として見えるが、住民にとって危険物と共存する空間である。一種の『雑居ビル』を平面化したような空間となっている。」

神戸市に限らず、成長志向的な拡大都市モデルは他地域でもすでに修正を迫られてきた。なお、先の(三)の外郭団体―神戸市では「神戸市が二五％以上を出資又は出捐する法人のほか、市と人的又は資金的及び業務的に密接な関係を有する法人」―の活用については、平成七［一九九五］年の六四団体から令和元［二〇一九］年には三〇団体へと減少した。部局と外郭団体数との関係はつぎの通りである。

(一)市長室――神戸国際協力交流センターのみ
(二)企画調整局――神戸医療産業都市推進機構など三団体
(三)市民参画推進局――神戸いきいき勤労財団など二団体と一企業
(四)保健福祉局――神戸市民福祉振興協会など三団体（うち一団体は市出資・出捐比率は〇％）
(五)経済観光局――神戸市産業振興財団など三団体と二企業
(六)建設局――神戸市道路公社など二団体
(七)都市局――神戸すまいまちづくり公社の一団体と六企業
(八)港湾局――神戸航空貨物ターミナルなど三企業
(九)水道局――神戸市水道サービス公社
(一〇)交通局――神戸交通振興株式会社の一企業のみ

（一一）教育委員会——神戸市学校給食会の一団体

こうした外郭団体の削減によって、神戸市からの派遣職員数や退職者派遣数に加えて、補助金・委託料の削減も進んだ。しかし、コスト削減のためだけの神戸市職員の削減は、はたして手放しで歓迎してよいものか。

定番の公務員批判は、仕事をしない、仕事をしても楽な稼業であるといった「親方日の丸」的な職業観からきているにちがいない。これは、不況のたびに、民間企業の倒産や雇用削減が報じられると、ガス抜きのようにして繰り返されるステレタイプの見方だ。いまでも、つづく公務員叩きである。重要な点は、公的部門が果たすべきふさわしい公的サービスを実現できているのかどうか、である。

神戸市の場合、大災害のあとの財政悪化で、市役所職員の削減が行われた。それが市民サービスへの提供に、どの程度、支障が生じたのか。あるいは、情報機器の導入や組織の見直しによって、市民サービス提供の生産性が引き上げられたのかどうか。職員削減の影響がどれほど相殺できたのか。この検証作業抜きに、神戸市モデルの見直しはむずかしい。きちんとした検証の下、古い神戸から新しい神戸へと転換をはかること、これが重要である。

神戸市に限らず、地方自治体の予算執行と職員数の定員は、どうあるべきか。職員数を増やす必要があれば、増やすべきである。そのための予算措置をはかるべきなのである。重要なのはあくまでも市民サービスについての、市民＝地域住民の認識と理解なのである。

古い神戸市が公共デベロッパー＝成長志向型都市政策の担い手であったとすれば、新しい神戸市は人口減少下の公共デベロッパー＝福祉志向型都市政策の担い手に変わっていかなければならない。と同時に、インフラ整備一辺倒からインフラ維持管理へ政策転換を図る必要がある。

2　元神戸市職員で地方財政研究者の池田清は、『神戸都市財政の研究—都市間競争と都市経営の財政問題—』で、「明治以降、神戸市は欧米のキャッチアップと日本の他都市との競争にしのぎを削り、大規模な近代的港湾都市という画一的な都市づくりを推進してきた」としたうえで、神戸の歴史的課題と今後のあるべき方向性を指摘する。

「神戸のそれぞれの地区の個性や歴史などを古きものとして一蹴し、欧米の法・制度や文化を新しきものとして一面的に受け入れ、神戸のまちのスクラップ・アンド・ビルドを強行してきたのである。そのことが神戸のアイデンティティを確立しえず、奥行きのない根なし草のようなまちにしてきたのである。

今、神戸市民は、大震災による大きな犠牲を払いながらも震災復興を模索するなかで、自分たちの住む地域の自然や歴史などを見直し、地域の固有資源を活かし、わが街への深い思いをもった『提案まちづくり』やコミュニティを基礎とした労働者協同組合、そしてボランティアや文化活動など新たな質をもった自主的な取り組みを行いはじめている。

また近代以前の神戸のそれぞれの地域が有していた共同性や個性、多様性を再評価し、現代に活かす試みもでてきている。したがって、神戸市の都市経営は、以上のような福祉、医療、文化、産業などの住民の自主的なまちづくりを支援し、被災市民をはじめとする社会的弱者を大切にして、区自治権の抜本的改革など住民自治と地域に根ざした都市型産業を基礎として、それぞれの地域の自立的な発展をめざすシステムへと転換することが求められている。」

解決を「求められている」問題と課題は、「では、どうすればよいのか?」という点に帰する。市民提案型のまちづくり、住民の自主的なまちづくり、文化振興や産業振興などは、実際のところ、一〇〇万人をこえる人口規模の大都市で可能なのか。むろん、区ごと、あるいはそれより小さな地域単位ということになるにしても、ベットタウン化し、地域的人間関係の薄くなった地域で果たして可能なのか。

かつて、神戸はまちづくり協議会への評価が高かった都市でもあった。しかし、そうした神戸市と市民の間にある中間組織も、少子高齢化の下で変容せざるをえない。それには、若い層だけではなく、シニア層の地域社会との関係性が大きなカギをにぎる。これは、お世辞にも地域的人間関係が強いとはいえない、ニュータウンに住む神戸市民であるわたし自身の課題と問題でもある。

神戸文化の成熟

1　文化とは、人間の精神的生活が反映されたものである。この点で、技術的発展の面が強く意識される文明とは区別される。文化は、とらえどころのない抽象的なものだ。文化は頭に何かが冠されて、初めて具体性をもつ。

ルイス・マンフォードは、『都市の文化』で、衰退が衰退のまま終わるわけではなく、衰退の中に再生への萌芽があるとみた。わたしたちは、衰退ばかりに目が行きやすい。そのなかにある、いまの段階ではささやかな種でも、やがて再生に大きな役割を果たすものを見落としやすいものだ。

再生の最終目標をどのようにとらえるのか。この視点により、再生への種の見つけ方も異なる。たとえば、米国鉄鋼業の中心地の一つ、ペンシルバニア州ベスレヘム市のケースでは、主要産業＝鉄鋼業の廃炉のあとにカジノが誕生した。鉄鋼業からカジノへの転換を、地域の再生とみるかどうか。(＊)

＊詳細はつぎの拙著を参照。寺岡寛『アレンタウン物語―地域と産業の興亡史―』税務経理協会（二〇一〇年）。

欧州で都市の再生の事例によく取り上げられるのは、自動車メーカーのフィアットがあったイタリアのトリノ市である。トリノ市では、フィアット社の本社工場（リンゴット工場）の撤退後の跡地利用が問題となった。フィアットという大企業など―タイヤ工場、製鉄所、自動車や鉄道車両の組立工場、関連部品工場など―へ依存した企業城下町トリノの都市経済を、どのように変換させるのか、当時、世界が注視していた。ハイテクや工芸分野の中小企業と地元の資源、とりわけ、大学やクリエイティブな人材との連携が重視された。結果、フィアットの製鉄所跡には、中小企業の集積空間がつくられた。トリノをそれまでの生産の場から生活や観光において魅力ある場へと、自然環境を意識した転換計画が実行された。

世界の都市問題を追ってきた矢作弘は『縮小都市の挑戦』でトリノの取り組みを、中小企業がカギをにぎるとして、つぎのように紹介する。

「都市開発プロジェクトは特定の大企業のためではなく、中小企業がビジネスを拡大するための基地（テクノパーク）を開発することや、ベンチャー企業の孵卵器（インクベーションセンター）を整備することを重視するようになる。産業組織は、大企業が中小企業を垂直統合するのではなく、独自の技術／ノウハウを持つ中小企業同士が協同する水平のネットワークが基礎になる。そこでは、大企業も中小企業も対等である。中小企業が水平ネットワークを構築する際には、大学が知的側面から、民間財団が資金面から橋渡し役になる。」

従来のフォーディズムから、ポストフォーディズムへの転換が迫られる時代において、都市開発あるいは都市再開発はどうあるべきか。矢作は、現代アートの都市としての再生事例の成功例が、トリノであったとみる。たしかに、工場跡に現代美術館が建設されたことは象徴的であった。

世界がトリノの新たなイメージに着目し、その後、欧州各地で工場地帯の文化を鍵概念とした再開発が行われた。日本の諸都市についても、矢作はトリノから学ぶべき点が多いことを強調する。

わたし自身、大企業を優先させるか、中小企業を優先させるかの基準云々以前に、そこに住み、働く人たちにとって何が優先事項であるのか、あるいは優先価値であるのか、それらをまず共有することが、重要ではないかと考える。その共有価値観が現代アートである必要はない。だが、地域の文化を抜きにして、縮小都市としての再生はありえない。

神戸文化も同じであろう。神戸文化とは神戸市文化ではなく、神戸市民文化であるはずだ。都市財政に取り組んできた宮本憲一は、『市民がつくる文化のまち・神戸』（一九九三年刊行）で、「これからの都市政策の目標は市民文化の向上である。これは自治体も認めている。しかし。文化は行政当局によってつくられるものではない。文化は市民が自発的に創造するものであって、行政はそれを支持し、それを受け入れる器をつくる役割である。」と指摘する。

一九九〇年に、宮本たちも関係して「神戸をほんまの文化都市にする会」が組織された。同会は「神戸文化都市プラン」として、ウォーターフロント地区を埋め立るのではなく、既存の突堤を活用すべきと提言した。そして、「十分な時間をかけて、住民参加によって計画を練ること。超高層ビルではなく、低層住宅などを中に人びとが散策できる空間とすること。ハード＝建物建設も重要であるが、それ以上に文化資源を有効に活用すること」などと主張した。

実際のところ、異なる意見のとりまとめや集約は大変である。しかし、住民参加は重要である。具体的に進めることは、容易ではない。いつもそこにはディレンマがある。机上プランと実行プランとは異なるし、また、市と市民との関係もそうだ。宮本はつぎのような取り組みを推奨する。

一つめは、シンポジウムなどの頻繁な開催を通じて「共同作業者」の拡大をめざすこと。二つめは、ハード＝施設という都市空間を利用して、都市空間にふさわしい優秀な音楽集団、演劇集団、美術家が育つようなソフト面を整備すること。三つめは、「地元独自の文化集団や芸術家、文化人をもたず、もっぱら、文化の発信は東京に依存している。この極端な文化の一極集中を是正して神戸文化をつくることが、この文化都市プランの究極の目的」という、共通認識の醸成である。

一体全体、神戸市民が心底納得できる神戸市民文化とは何なのであろうか。同会の代表（当時）の平田康は、そのような市民文化とは「明治以来の開放的な港町の伝統を発展させる」ものであるとし、視覚的なシンボルとして、港湾地区の歴史的に価値のある構築物や建物の保存を重要視する。具体的には、区単位に使い勝手のよい文化ホール―演劇や音楽―を設立する必要性とともに、神戸市予算の一パーセントを文化ソフト振興に投じるべきであるとの主張がなされた。また、文化振興基金の創設も提案された。厳しい神戸市財政の下ではあるが、多くの市民の賛同を得ながら、将来への投資費用を捻出していくしかないのだ。

2　抽象的な総論には賛成、個別論は反対。これは、どの時代でも、どの組織でもよく起こることである。神戸市の課題は、世界の多くの都市が同様に文化芸術都市―名称は異なっても―のビジョンを掲げているなかでの実行性である。必然、神戸市ならではの差別化が求められる。文化や芸術は無形のものである。多くの人びとは、何か象徴的なものが冠されて、初めて文化や芸術の有形性を感じる。

文化芸術都市を掲げてきた都市には、つぎのようないくつかの特徴がある。

（一）市民の芸術・文化活動の推進——立派な音楽ホール、オペラハウス、美術館といったハード面の整備とともに、多くのアーティストによる文化芸術活動が展開されていること。こうしたハードとソフトの両面から市民の芸術・文化活動を促進する。芸術・文化好きの市民の多寡が地域の雰囲気を形成すると考えられている。

（二）文化芸術によるまちづくり——（一）と関連させたまちづくりである。

（三）文化芸術活動との相互作用による産業振興——地域への集客効果による観光業の振興、文化芸術関連産業—伝統産業を含む—の振興。

かつて工業都市であったロンドンやトリノでは、工場などの施設を活かすリノベーション手法によってユニークな文化・芸術施設を作り、町の雰囲気を魅力的なものとした。神戸市にも、この手法は有効だろうか。施設のリノベーションには多額の資金を要する。文化芸術イベントの開催も同様であるが、資金調達方法は重要である。たとえば、企業のメセナ活動による資金的なバックアップ、市民を中心とするクラウドファンディングも新たなやり方である。

（二）のようなまちづくりには、芸術家が文化芸術活動を地域で続けるための活動空間を、安く提供できるインフラづくりも必要である。閉校された学校や跡地をアートスペースとして活用したり、工場や倉庫などを公的部門により買い上げ、アーティストやクリエーターが利用できる賃貸料での貸し出すことも考えられよう。欧州の主要都市では、旧工場、旧倉庫など歴史的な建造物のリノベーションを文化芸術活動の一環として利用し、文化芸術都市に相応しい雰囲気づくりとしているケースも多い。

文化芸術関連産業とは、機械金属のようなハード型産業ではなく、コンテンツやデザインに関わるソフト型産業である。それを担うのはクリエイティブな人材である。クリエイティブな人材にとって神戸の魅力とは何であるのか。

コンテンツ産業では、京都市のマンガやアニメーションの例がある。ムンバイやハリウッドのように映画を世界に発信する例もある。さて、神戸市はどのようなクリエイティブ産業を創り出すことが可能なのか。あきらめずに、模索を続けることがなによりも重要だ。

第五章　神戸はどこへ向かうのだろうか

経済というのは、数多くの非常に異質な断片の集りである。多くの小企業があって、それがあらゆる種類の需要を満たしているような経済の場合には、別に社会の問題にはならない。個々の小企業が社会に大きな影響を与えることはないからである

（エルンスト・シューマッハー『宴のあとの経済学』）

六大都市圏の人口規模だけを競うランキング競争から卒業することができた神戸市は、落ち着いた成熟した都市としてどこへ向かうべきなのか。以前と同じく、たとえば、ファッション……文化創造……ハイテク……のような、どこの地域でも唱えている念仏のようなスローガンを掲げて「スローガン都市」を目指すのか。神戸はどこへ向かうのか。

京阪神での神戸

1　「関西圏」は、京阪神（京都、大阪、神戸）のいずれの都市もある程度の自己完結性をもつ、という意味と範囲で、東京一極集中の「関東圏」とは異なる。電車の移動範囲の感覚からすれば、この三都は同一地域圏である。一層、京阪神市でもよいかもしれない。しかし、多分に、住民の多くはそのようには思っていない。都市の空間利用構造でも、産業構造でも、京阪神の各都市圏は異なる特徴をもつ。

とはいえ、京阪神に共通する悩みは、過去も現在も一致する。京阪神立地企業の活動が東京へと傾斜し、東京一極集中が高まったことへの対応策である。三都が競いつつも、協力し合う余地とメリットは山ほどある。取り組むべき課題の共通性も多い。

神戸は、京阪神における海運・貿易の中心である。といっても、大阪系の企業も東京への傾斜を強め、とりわけ、中枢管理機能などが東京移転するなかで、京阪神の経済力は地盤沈下した。神戸の優位性も全国的には相対的に低下し続けている。神戸を代表してきた企業群も、本社機能はいまや東京中心となっている。

京阪神のうち、京都は観光業へ、神戸は脱工業化として商業・サービス業へとシフトしてきた。神戸市の消費人口―定住人口―が減少し始めるなか、神戸も観光などで訪れる一時的な人口増に期待を寄せた(*)。だが、現在、神戸は、京都や大阪に水をあけられたままだ。

＊たとえば、補論の神戸経済同友会の提言を参照のこと。

それでは、神戸は京都と大阪との三都物語で、どのような物語を語れるのか。それには、二つの側面がある。ともに高め合える面と優位に立てる面である。この両面は相矛盾、あるいは、二者択一的なものではない。神戸がその優位性を発揮することが、京都や大阪との補完関係を強める。三方よしである。限られた地域資源を活かすためにも、競うばかりではなく、協力・協働すべきである。三都の特徴を生かした役割分担の意識が重要だ。そのためには、三都の密接な協力と棲み分けが必要だ。大阪とも同じ港湾都市として、(*)うまく連携・協力して棲み分けしなければならない。

＊神戸港は平成一六［二〇〇四］年に国から「スーパー中枢港湾」、平成二二［二〇一〇］年には大阪港とともに阪神港として「国際コンテナ戦略港湾」に選ばれた。神戸港への入港船隻数は、平成一〇［一九九八］年の明石海峡大橋開通によるフェリー便数の減少や、世界経済―とりわけ、リーマンショック―の動向に影響を受けてきた。昭和五〇年代には世界トップスリーの一角を占めていた神戸港であるが、平成七［一九九五］年の阪神・淡路大震災の影響は大きく、その後は、震災前年の約八・八万隻までには回復せず、三・五万隻台あたりを推移している。取扱貨物総量も、入港船数と同じような傾向にある。とりわけ、外貿トランシップ（積み替え）貨物の大きな落ち込みが目立つ。ただし、コンテナ取扱総個数は、神戸市みなと総局調べでは、神戸港は震災の影響を乗り越え、従来の外貿に加え、西日本諸港から神戸経由で外国へ輸出されるコンテナの取り扱い地位を高めてきている。現在も神戸港の特徴は輸出港であるといってよい。なお、コンテナ取扱総個数は、国土交通省の調べで、東京・横浜がトップであり、神戸港と名古屋港が拮抗している。他港との比較でも、東京港と並んで神戸港の内貿数は多い。

米国ニューヨーク市の荒廃を促すような都市開発に待ったをかけ、住民視点から都市のあり方を求めたジェイン・ジェイコブス（一九一六〜二〇〇六）は、都市のもつ「多様性」（city diversity）こそが都市の豊かな将来を生みだすと、主張して譲らなかった。ジェイコブスは「国民経済」と「都市経済」とを峻別して論ずべきであると主張し、常に地域が自立的発展をめざすための都市開発とは何かを問い続けた。

欧州連合成立以降の欧州諸国の動向をみても、それぞれの国家―より正確には国民国家―は、欧州統合の原理や原則の下におかれ、より自由で自律的な活動はそれぞれの都市において実現されてきた。都市どうしは競合関係にあると同時に、従来のように国境に制約されることなく、相互に協力関係を築いてきた。神戸らしさが強調されるが、神戸は京都や大阪との間でどんな協力関係を築けるのか。

都市どうしの補完関係についても、ジェイコブスはいろいろなアイデアを提供した。ジェイコブスは、『都市と国富―経済生活の原理―』（邦訳『発展する地域、衰退する地域―地域が自立するための経済学―』）で、地域の発展のための「輸入置換都市（import-replacing cities）」の重要性を強調した。すなわち、「衰退する地域」と「発展する地域」の分水嶺は、「輸入置換」への努力と実行の有無にあり、輸入置換の試みを放棄した都市経済に未来はないとみた。輸入置換都市の五つの要素とは、「市場」、「仕事」、「技術」、「工場」、「資本」であり、この諸要素の積極的な活用がカギをにぎるとした。ジェイコブスのいう「多様性」とは、地域のもつ「市場」、「仕事」、「技術」、「工場」、「資本」の五要素をどう組み合わせるかという選択肢でもある。

「多様性」については、国土交通省の令和元年早々の六月発表の「都市の多様性とイノベーションに関する懇談会」でも強調された。参考までに、同懇談会の提言『「居心地が良く歩きたくなるまちなか」からはじまる都市の再生』の概要にふれておこう。提言は「都市再生」のための、三つの問題意識―必要性―を前提にしている。すなわち、

（一）人口減少経済の下での経済成長には、生産年齢人口の減少を上回る生産性向上が必要であること。

（二）生産性の向上には、人材や企業の多様性に基づく集積・交流によるイノベーションが必要であること。

（三）偶然の出会いやつながりを促進する都市空間の必要性。

（二）と（三）は、明らかにジェイコブスの都市論を反映させている考え方である。ちなみに、「都市再生」では、平成一三［二〇〇一］年、内閣―本部長＝内閣総理大臣―に都市再生本部が設置され、政府は、民間主導の都市再生プロジェクトを積極的に支援する方向を打ち出した。神戸市も重点再生緊急整備地域として選ばれ、市内三宮駅と臨海地域が対象となった。

ジェイコブスが市内を分断する高速道路網の整備に反対を唱えて、都市再生に取り組んだニューヨーク市の場合、二〇一〇年以降、ブロードウェイ周辺から自動車交通を締め出した。そして、イベント開催空間や歩行空間が拡張された。神戸市の三宮駅周辺整備も、おおむねこの方向に沿った整備である。ロンドンやパリでも同様な取り組みがあり、また、日本国内でも姫路市や東京都の丸の内や池袋で、歩行者優先の都市空間の整備が進んだ。つまり、自動車中心ではなく、街路、公園や広場を再整備した、「居心地の良さ」のある、人が歩きたくなる都市空間づくりに重点が置かれた計画である。

よく考えれば、世界の主要都市もまた同じようもので、似たり寄ったりの都市構想をもつ。そこに、各都市独自の空間構成があるのかどうか。多様性が創出された空間とまでは言いきれまい。はたして、そのような空間整備によって、多様な人を引き寄せることができるのか。その先に、イノベーションが創出されるかどうか。大いに検証を要する。

神戸市は平成三〇［二〇一八］年六月、「神戸都市計画マスタープラン地域別構想・三宮～ウォーターフロント都心地区編」を発表した。(*) マスタープランでは、「三宮～ウォーターフロント都心地区は『国際港湾都市』『デザイン都市・神戸』の玄関口としてふさわしい空間づくりに向けて、神戸全体のまちや経済を活性化し、国際競争力を高め、市民、事業者、来街者にとって魅力的な都市空間の整備等を進めていくこと」

になった。そして、高度成長期の建物の建て替えの促進、神戸市の玄関口にふさわしく美しい景観の整備、魅力ある商業・業務機能の集積と都心居住の調査、港湾物流機能の移転後の跡地利用、公共交通の利便性促進、津波など災害対策、都心とウォーターフロント間の回遊性向上が示された。

＊マスタープランは平成二三［二〇一一］年三月に策定されている。都市空間のイメージとして提示されているのは、①「活力を創造する都市空間」、②「災害に強く安全で、誰も暮らしやすい都市空間」、③「デザインの視点で磨かれた魅力ある都市空間」、④「環境と共生する都市空間」である。

イノベーションといった場合、大事なのは、単なる技術革新やこれに関連する空間や箱物ではなく、それを生み出す人である。イノベーティブな人たちの集積である。〈空間創出→創造的な人材の集積〉という方向性が重要である。その逆では決してない。

この種の議論は、創造都市論やイノベーション都市論と親和性が高い。先に紹介したリチャード・フロリダの地域論もその一つである。フロリダは、イノベーティブ＝クリエイティブな人材の集積を促す快適・刺激的な都市空間の重要性を強調した。クリエイティブな人材（人的資本）に対して、そのような人材のネットワーク（Networking Assets）形成を促すモノとコトを、「空間資本（Physical Assets）」とみなした。そのような空間は個人だけではなく、イノベーションを推進してきた企業群＝産業集積によってもつくり出される。

2　一般に、イノベーションを考える場合、産業史からの接近が重要である。なぜ、その地域にそのような産業が形成されてきたのか、を知ることは必要である。産業の形成には、新たな事業分野へパイオニア的に参入した個々人の勇気と取り組みがある。そうした取り組みの過程の成功や失敗が他の人にも知られ、単なる模倣行動だけではなく、異なる方法で取り組む個人が集まるようになる。

これは神戸における造船業やゴム産業の形成にもみられた。その試みが、やがて神戸の産業的イメージを形成し、関連産業を集積させた。イメージは、どのようなかたちであれ、一定の実態の上に形成される。

それでは、現在の神戸の産業的イメージとは何だろうか。それは神戸市に住む人と神戸市の外に住む人では同一ではないだろう。また、神戸市外といっても、京阪神間に住む人、神戸市に隣接する明石市や姫路市に住む人、岡山県や鳥取県など隣接県に住む人、遠く九州や東北に住む人では、それぞれ異なったイメージがあるだろう。

都市形成の個別史は、都市と産業や国との関係によってつくられたモザイクのようなものだが、ある程度まで、類型化も可能だ。たとえば、かつて大阪は「民都」(*)と呼ばれてきた。この物言いは、国の政治の中心に位置した「官都」東京との対比からである。元来、大阪は天領―徳川幕府の「官都」―であったが、堺など自由都市と隣接しており、日本経済の流通の中心であった。大阪では、明治以降も、紡績など製造業を中心に、多くの民間人が自由に活動して、都市経済をつくりあげてきた経緯がある。他方、特定自動車メーカーの発展で大きく伸びた名古屋市は、大阪と比べて企業城下町的な「産都」といってよい。

＊大阪府と大阪市は、「民都・大阪」フィランソロピー会議を平成三〇［二〇一八］年二月に発足させている。同会議の設立趣旨には「都市発展の歴史に民の力が大きな役割を果たしてきた大阪は、『民』主役の社会づくりを発信する『民都』として、フィランソロピーの促進により、税による分配ではない第二の動脈（フィランソロピー・キャピタル）として資金や人材を集め、非営利セクターの活性化を通じて、『フィランソロピーにおける国際的拠点都市』をめざしている。……大阪の民の連携・協力によりその存在感を国内外に示す『核となる場』として、『民都・大阪』フィランソロピー会

議を設立することとした」とある。

では、神戸はどうだろうか。封建的遺制をもたなかった神戸には、多くの起業家が集まり、輸入品の国産化をはかり、また、貿易で活躍した事業家も多かった。その意味では、大阪と同じ「民都」といえなくもない。だが、太平洋戦争後の神戸の発展史をみると、かつての自由闊達な精神がどこかで失われた、そのような気がしてならない。

戦後の神戸には、神戸市役所主導の「官都」という物言いが、当てはまるのではないだろうか。むろん、官都＝首都である東京都とはまた異なる。「準官都」という表現がより正確かもしれない。

しかし、神戸市はイノベーションにおける「民」の重要性を強調する。神戸市は、民のイノベーションを積極的に支援するメッセージも送ってきた。神戸市が、米国シリコンバレー投資ファンド「500 Start-ups」と連携してスタートさせた、起業家支援プログラムもその一環である。問題は誰に向けて、この横文字メッセージを送り届けるのか、である。現在のところ、神戸市民というよりは、東京やアジア諸国からの応募者もみられる。

現在、神戸市は、医療都市構想のイメージを押し出し、関連する既存企業や新規事業を計画する事業家を、惹きつけようとしている。こうした動きは別段、神戸市に限ったことではなく、多くの地方自治体でも、「イノベーションマップ」を示して、地域産業の振興に貢献できる企業を吸引している。工業団地や商業団地を造成し企業を誘致した、かつての地域産業政策と同様のようにも思える。異なるのはイノベーションが強調され、例示される産業分野が以前とは異なっている点である。

たとえば、東京都の打ち出す「次世代イノベーション創出プロジェクト二〇二〇（概要版）」には、「大都市・東京が抱える課題の解決に役立ち、国内外において拡大が期待される産業（大都市の課題を解決する産業）への都内中小企業の参入を促進する」事業を掲げ、「都内中小企業を中心とする連携体が、双方の知見・ノウハウ等を活用しつつ、イノベーションマップに沿って行う技術・製品開発をしていく」とある。具体的産業分野としては健康・スポーツ、医療・福祉、環境・エネルギー、危機管理が掲げられた。産（大手メーカー・都内中小企業）・官（東京都）・学（大学・研究機関）連携と技術・製品開発への助成制度の活用を通じて、「次世代産業の創出」→「世界一の都市・東京」＝世界をリードするグローバル都市の実現を目指すとされる。

なにをもって、グローバル都市というのかは、さしあたってここでは問うまい。最終章で検討しよう。

日本の中の神戸

1

そもそも、多くの地方自治体はビジョン好きである。神戸市もその例外ではない。

最近では、神戸市基本構想＝ビジョンとして、「神戸二〇一五ビジョン」が平成二二［二〇一〇］年三月に策定された。その後継計画として、「神戸二〇〇〇ビジョン」も発表された。キャッチフレーズは、「若者に選ばれるまちづくり＋誰もが活躍するまち」である。裏返せば、それをいわなければならないほど、現在では、神戸はおしゃれではなく、若者に選ばれていないことになる。

久元喜造神戸市長は、このビジョンについて、「人口増によって都市の規模の拡大を追い求める時代ではない」ことを前提にして、「神戸の多彩な魅力やブランド力にさらに磨きをかけることで、未来を担い、新たな活力の源泉となる若い方々に選ばれるまちとなるよう、まちの質、くらしの質の面で評価されるような取り組みが必要」と指摘する。

具体的には、つぎの六項目の施策方向が打ち出された（久元喜造「若者に選ばれ、誰もが活躍するまちを目指して」神戸市都市問題研究所『都市政策』季刊第一六三号、二〇一六年四月）。

（一）ＩＴを活用した起業・創業の創出や人材活用などによる神戸経済の活性化と雇用創出の積極的な推進。

（二）移住・定住の促進。

（三）都心の再生や公共交通網の整備。

（四）神戸港・神戸空港、医療産業都市など都市の魅力を高めるプロジェクトの展開。

（五）子育て・教育環境の充実。

（六）福祉、医療、防災、防犯といった市民のくらしの安全・安心を守る取り組み。

久元は、六項目への取り組みが、「神戸のまちの総合力」を高めることになると主張する。六項目のうち、（一）、（二）、（三）、（五）、（六）の五項目は、他都市のビジョンとも共通する。この意味と範囲では、神戸が独自に取り組みを迫られているのは、（四）である。

そもそも、このビジョンは国が策定してきた「まち・ひと・しごと創生長期ビジョン」や「まち・ひと・しごと創生総合戦略」に沿ったものである。他都市との共通課題があるのは当然である。神戸市のビジョンでも、人口減少を前提とするといいながら、全体目標としては「年間一・二万人の出生数の維持」、「若者の神戸市への転入を増し、東京圏への転出超過年間二・五千人の解消」が掲げられた。神戸市内には二〇以上の大学―短期大学を含む―がある。が、卒業生の就職先は東京圏に偏っている。神戸市での就業を促進する場の創出が、ビジョンに盛り込まれて当然である。以下、ビジョンの内容について、みておこう。

地域産業政策としては、つぎのような重点項目が列挙される。

（一）起業促進、新事業創出への支援――①神戸スタートアップオフィス、②起業への短期重点支援プログラム、③シリコンバレーへの派遣交流プログラム、④世界トップレベルのスタートアップ育成支援団体の誘致・連携、⑤起業家交流プログラム、⑥新事業創発プログラム、⑦知的財産の活用・産業化、⑧スタートアップ支援へのふるさと納税活用、⑨人材交流型新事業創造プラットフォーム創設。

（二）成長産業の企業誘致促進――①神戸医療産業都市の推進、②雇用の場を生み出す企業誘致促進、③みちのネットワークづくり、④阪神港国際コンテナ戦略港湾の促進、多様な貨物輸送強化による神戸港の港勢拡大、⑤神戸空港の機能充実、⑥神戸空港島の戦略産業企業の集積・にぎわいの創出、⑦政府機関の移転誘致。

（三）次世代基幹産業の育成・振興――①航空・宇宙産業、②神戸医療産業都市、③インダストリー四・〇神戸プロジェクト、④水素産業、⑤ＩＴデータの活用、⑥アフリカとの経済交流、⑦「食都神戸二〇〇〇」構想の推進、⑧新たな農業関連産業の創出、⑨新たな「道の駅」の整備・活用。

（四）中小企業政策――①神戸産業の国際化、②海外展開促進、③水・インフラ事業の推進、④インダストリー四・〇神戸プロジェクト（再掲）、⑤航空・宇宙産業の育成（再掲）、⑥神戸医療産業都市の促進（再掲）、⑦産金学官連携推進、⑧商店街・小売市場の空き店舗対策。

（五）人材の確保・育成――①大学等の集積活用、②グローバル人材の集積・育成、③ものづくり人財の確保・育成、④航空・医療・ロボット分野の教育プログラム、⑤大学等と連携した海事人材の育成・港湾技術の継承、⑥奨学金活用による大学生の地方定着。

また、「若者を惹きつける魅力づくり」の方途として、つぎの七項目の施策目標が掲げられた。

（一）移住・定住の促進――②都市プロモーション、②首都圏からの高度人材の獲得、③ＣＣＲＣ（Continuing Care Retirement Community）―高齢者の神戸への移住の促進、必要に応じ医療・介護を受けられる地域コミュニティづくり―構想の検討、③「神戸ライフスタイル」の発信、④地場産業の振興。

（二）大学等の活性化――①大学集積の活用による人材育成・定着、②大学生等の市内就職促進、③グローバル人材の集積・育成（再掲）。

（三）都心・三宮の再整備――①三宮周辺再整備構想の推進、②公共交通中心の交通環境整備、③景観の高質化、④魅力的な公共空間の創出。

（四）開港一五〇年・ウォーターフロントの再整備――①新港突堤西地区の再開発、②市民・港湾関係者の交流施設整備、③メリケンパーク再整備、④須磨海岸の再整備、⑤夜間景観の演出、⑥都心からのアクセス機能・回遊性の向上。

（五）神戸里山暮らし。

（六）六甲山の魅力化促進――六甲・摩耶観光の振興等。

（七）神戸ブランド――①歴史的建築物等の保存活用、②神戸ブランド牽引の住宅地の保全・育成、③神戸らしい音風景（サウンドスケープ）の検討、④須磨海岸の再整備（再掲）、⑤クルーズ客船誘致。

（八）観光客の誘致——①「神戸ライフスタイル」の発信、メディア活用による神戸観光の推進、地域観光マネジメント一本化のプラットフォーム構築、②ICT活用おもてなし環境構築、③夜間景観の活用、④クルーズ船誘致（再掲）、⑤須磨海岸再整備、⑥神戸らしい景観が見える場所の整備・育成、⑦歴史的建築物の保全活用（再掲）、⑧地場産業振興（再掲）、⑨G7神戸保健大臣会合を契機とする神戸発信とMICE（Meeting, Incentive tour, Convention, Exhibition/Event）推進。

（九）芸術・文化、スポーツの振興——①神戸の文化・芸術の創造発信、②（仮称）神戸国際フルート音楽祭、③大規模スポーツイベント。

「若い世代の結婚・出産・子育て・教育を優先できる社会システムづくり」の方途としては、つぎの三項目の施策目標が示されている。

（一）妊娠・出産・子育てに切れ目のない支援——①出会い・結婚の促進、妊娠へのサポート・産後ケアの充実、「子育て応援メール」配信、②子育て世帯への経済的支援、③待機児童解消、学童保育拡充、④「こうべ子育て応援プロジェクト」の始動、⑤子育て世代包括支援センターの設置、⑥多様な地域子育て支援事業、⑦親・子世帯の近居・同居促進、⑧援助必要家庭への支援、⑨貧困連鎖防止を含めたひとり親家庭支援。

（二）教育環境の充実——①確かな学力育成、②「チーム学校」の教育力・組織力強化、③安全・安心の学校づくり、④特別支援教育の推進、⑤国際的人材輩出校の誘致。

（三）働き方改革の推進——①テレワークの推進、②女性の活躍推進、③女性の就職・再就職支援、④障がい者の働く意欲を引き出せる多様な働き方の創造。

「次世代の将来を約束できる環境づくり」の方途として、つぎの四つの施策目標が示されている。

（一）公共交通の充実――①公共交通中心の安全・快適な交通環境整備、快適で便利な公共交通の推進（再掲）、②地域主体の生活交通支援、③自転車利用環境整備。

（二）陸・海・空の交通基盤の充実――①みちのネットワークづくり（再掲）、②阪神国際コンテナ戦略港湾等の推進（再掲）、③神戸空港の機能充実（再掲）。

（三）環境貢献都市の推進――①次世代につながる多様分散型エネルギー利活用、②循環型社会実現へのごみ減量化、低酸素社会に資する安定的・効率的ゴミ処理体制。

（四）神戸の豊かな自然を守る――①六甲・摩耶の活性化（再掲）、②市民との協働による神戸の生物多様性保全。

「安心なくらしづくり」実現のための八つの施策目標は、つぎのように示された。

（一）多様な住まいづくり――①神戸ブランド住宅地の保全・育成（再掲）、②計画的開発団地（ニュータウン）のリノベーション、②神戸里山暮らしの推進（再掲）、③市街地西部地域活性化（再掲）、④鈴蘭台駅周辺のまちづくり、⑤こうべ空き家活用促進事業、⑥質の高い道路空間づくり（道路のリデザイン）、⑦身近な公園の再生。

（二）神戸における国土強靭化推進――①土砂災害対策、浸水対策、②地震・津波対策、③住宅・建築物の耐震化、④社会基盤の戦略的維持管理・更新、⑤変化する都市構造や大規模多様化する自然災害への消防・救急体制、⑥建築物の防火対策、⑦自己決定力を高める防災基盤、⑧密集市街地の再生。

（三）健康寿命の延伸――①計画的開発団地（ニュータウン）のリノベーション（再掲）、②神戸医療産業都市の推進（再掲）。

（四）安全・安心な地域づくり――①地域医療体制の充実・医療介護連携の推進、②健康危機管理の体制（神戸モデル）の強化、③空地・空き家・ごみ屋敷対策、④ＨＡＣＣＰ（Hazard Analysis and Critical Control Point, 危害要因分析重要管理点）導入推進、⑤防犯対策強化。

（五）ユニバーサルデザインのまちづくり――①ユニバーサルデザインの普及・啓発、②くらしやすいまちづくり推進、③心のバリアフリー推進、④障がい者差別解消。

（六）地域福祉基盤の強化――地域福祉プラットフォーム構築。

（七）貧困の連鎖防止への取り組み――①包括的な自立相談支援、②就労の場の確保支援、③子どもの学習支援、④住宅セーフティネット構築。

（八）障がい者が安心して暮らせるための支援――①住まいの確保、②障がい者の働く意欲を引き出せる多様な働き方の創造（再掲）、③障がい者差別解消（再掲）。

「地域と地域の連携づくり」に関しては、つぎの四つの施策目標がある。

（一）顔の見える地域社会づくりと支え合い活動の推進――①総合的・自律的な地域コミュニティの環境づくり、②地域福祉プラットフォーム構築（再掲）。

（二）市民とつながる区役所改革――①さらなる市民サービスの向上、②区役所機能の充実。

（三）都市間連携――①近隣市町連携、②水道の安定供給体制強化への県下市町広域連携。

（四）県市協調――①新長田駅南再開発地域の県・神戸市関係機関の共同移転（再掲）、②県・市の中小企業支援機関の集約化。

こうして列挙された項目のほとんどは、多くの地方自治体のビジョンなどにも共通する。他方、医療産業都市は、神戸が一定期間をかけて取り組んできた産業政策である。すでに多くの企業や、大学・学術機関も立地する。ただし、後述のように大阪府（市）もまた同様の取り組みを行ってきた。

先に「500 Start-ups」にふれた。これは神戸市の政策担当者の好みでもあろうが、同様の試みは福岡市や川崎市などでも起業支援策として行われてきた。たとえば、福岡市の場合には、若い世代を福岡市に引きつけ、スタートアップ支援を積極的に行う「スタートアップ都市ふくおか宣言」が行われた。福岡市は、スタートアップ法人市民税軽減―最長五年間―や、スタートアップ支援に熱心な他の自治体との連携を打ち出した。また、この種の取り組みが早かった例として、インキュベーション施設の運営で実績のある「川崎モデル」がよく知られている。(*)

＊人口規模からみれば、現在は福岡市、川崎市についで神戸市となっている。

神戸市がそうした都市とは異なり、総花的に列記した産業分野を掲げるのではなく、もっとも成長ポテンシャルの高い産業に着目している点が重要だ。今後は、神戸市で事業展開あるいは新規創業のメリットの有無が問われるが、この意味では、医療産業都市で象徴(*)される医療産業が重視されるのは当然ともいえる。だが、既存企業や新規創業企業となんらかのつながりが形成されなければ、あるいは、そのような政策的な意向がなければ、神戸港の沖合に人工的につくられたポートアイランドの医療産業は孤高な存在となる。

＊神戸医療産業都市への進出企業・団体については、神戸市の資料によれば（二〇一九年九月末現在）、ポートアイランドには三六三社・団体が進出している。内訳は、業務施設用地（三五社・団体）、製造工場用地（三二社）、研究・文化施設

用地（一八社・団体）、パイロットエンタープライズゾーン（六社・団体）、先端医療センター（七社・団体）、神戸臨床研究情報センター（六社・団体）、神戸バイオメディカル創造センター（一〇社・団体）、神戸大学インキュベーションセンター（三社）、神戸大学総合研究拠点（三団体）、神戸医療機器開発センター（一〇社・団体）、伊藤忠メディカルプラザ（七社・団体）、神戸ハイブリッドビジネスセンター（三社・団体）、国際医療開発センター（四九社・団体）、高度計算科学研究支援センター（七社・団体）、市民病院前ビル（五社・団体）、神戸アイセンター（二社・団体）、神戸健康産業開発センター（一一社・団体）、神戸国際ビジネスセンター（三九社・団体）、神戸キメックセンタービル（三一社・団体）、神戸インキュベーションオフィス（二二社・団体）、融合連携イノベーション（四社）、神戸イノベーションセンター（一〇社・団体）、神戸大学医学部付属国際がん医療・研究センター（一社）、神戸ＭＩＲ＆Ｄセンター（一社）、ポートアイランド第一期（六五社・団体）となっている。

資本集約的で知的労働集約的な医療産業の範囲をどこまでとらえるのか、が問われる。医療産業のすそ野はきわめて広い。たとえば、遺伝子組み替えや創薬には、高度な専門家が必要とされる事業分野である。また、巨額の研究開発資金と事業化への資金―創薬の場合には臨床費用も含め―も巨額に上る。ゆえに、国家プロジェクトとして取り組んだ諸国も多い。

医療産業分野を健康保健分野や治療分野まで拡大させれば、障がい者の補助器具、介護にかかわるハード・ソフトの分野、健康保持のスポーツ等々が含まれる。そうした個別・分散化の市場に対応できるのは地域の中小企業である。健康食品や健康グッズまで、対象を拡大させれば、小規模企業にとっても重要な存立分野となりうる。

神戸市が掲げる福祉充実の都市構想の下、医療産業都市の関連産業をどのように形成し促進していくのか。それが神戸市の現在の課題であろう。

2　医療産業の神戸経済に果たす将来的な展望は、政策推進者からみればバラ色に輝いて見える。だれもお先真っ黒な展望など望まないからだろう。ところで、隣接する大阪市も、北区中之島に未来医療国際拠点構想を進めてきた。「未来医療」構想は、つぎのように示されている。

（一）再生医療をベースにゲノム医療や人口知能等の活用、今後の医療技術の進歩に即応した最先端の未来医療の産業化推進。

（二）難治性疾患の国内外の患者への対応＝未来医療の提供。

大阪市は、交通至便性が高いという利点を生かして、中之島地区に「未来医療の共創」プラットフォームの構築を目指すという。そのため、オープンイノベーション—大学・医療機関・研究機関、医薬品・医療機器関連企業やベンチャー企業との連携—の下で、再生医療関連データベースや細胞バンクの整備をすすめ、未来医療の産業化に力点を置く。

大阪市の構想には、未来医療のインバウンド・アウトバウンドの推進、国内外の医療関係者の交流促進による経済効果への期待がある。神戸の広大な敷地をもつポートアイランドとは異なり、面積が限られている中之島の特徴としては、建物の複合化・高層化が計画されている。

こうしてみると、大阪の「未来医療」構想には、神戸の医療産業都市のあり方との類似性がある。そうだとすれば、なぜ、神戸と大阪が協力し限られた資源の集中投資をしないのか。そうすれば、より効率的かつ競争的な医療産業クラスターの形成が可能なのではないか。その方が、医療産業の他産業へ波及効果についても、現実的な展望が描けるようにも思える。この構図はかつての工業・商業団地競争から美術館建設競争(*)まで、地方自治体間の重複投資と重なる。京阪神の競争心の悪しき慣習的思考が出ているといってよい。

＊詳細は次の拙著を参照。寺岡寛『地域文化経済論―ミュージアム化される地域―』同文舘（二〇一四年）。

そもそも医療産業の地元経済への波及効果については、きちんと検証される必要がある。あるいは、医療分野における既存産業や既存企業を媒介する、ある種のリンケージ産業の存在が重要なのではないだろうか。たとえば、医療産業との対比の意味で、自動車産業を見た場合、自動車産業のすそ野は広く、組立工場近くにさまざまな規模の企業―とりわけ、中小企業―を立地させることで、地域経済は大きく成長した。

日本に自動車が登場したのは二〇世紀初頭といわれている。人は自動車の利便性に感激し、ある人は個人ベースで、ある人は自社の事業多角化の一環としてその国産化に取り組んだ。神戸でも自動車産業の発達がみられていれば、現在の神戸とはまた異なった姿があったかもしれない。かつて神戸でも、自動車が製造されていたことはいまでは忘れ去られている。

神戸の場合、川崎造船所が大正期半ばに兵庫工場内に自動車工場を設け、自動車製造の試行錯誤を始めた。その後、自動車生産の組織は改編された。それだけ上手くいかなった傍証でもある。当時は、一般ドライバーなど皆無の時代であり、想定受注先は軍部のトラックや公共交通手段たるバスあたりであった。同じころ、三菱神戸造船所でも、イタリア製自動車のリバースエンジニアリングによって、自動車のコピー生産が試行錯誤された。その後、両製作所とも、自動車生産から航空機生産へと比重を移したのには、軍用自動車―三菱の扶桑号は、ふそうトラックへと継承―への補助政策もあったが、国の軍用機生産への要請があった。

神戸の川崎や三菱だけではなく、当時、さまざまな企業が自動車生産を模索しており、三菱のように名古屋製作所へ自動車事業を移管した例もあった。ほかには、神戸製鋼所が戦車生産へと乗り出している。川崎はその後オートバイ生産を立ち上げている。もし、川崎が三菱とともに一般乗用車などの生産にシフトしていれば、神戸は日本の自動車生産の地域へと変貌していた可能性もある。もちろん、これから、成熟産業化した自動車産業を神戸に誘致という政策を唱える人は少ないであろう。現実的な課題は、医療産業のすそ野をどれほど神戸において広げることができるのかである。

世界の中の神戸

1

神戸に生まれ育った者は、小学生のころから「国際都市・神戸」と何度も聞かされてきた。大震災後の神戸の復興方向に関しても、「国際都市」―たとえば、「国際居住都市・神戸」など―という物言いが飛び跳ねていた。こうした方向性をふり返り、新聞記者として各地の都市計画やその現状をみてきた都市政策研究者の本間義人は、『土木国家の思想―都市論の系譜―』で、歴代市長の負の遺産への反省の有無を問うた。

本間は、神戸市関係者は、過去の反省を活かすことなく、経済再生優先の姿勢を踏襲してきたと批判する。本間の指摘を整理しておこう。

（一）都市基盤整備（土木・建設事業による港湾・幹線道路の整備優先）――産業復興と雇用との関連性を十分見据えていなかった。

（二）復旧計画の無思想性――計画が「まず当面は何を応急的に復旧しておき、さらに何を元通りにするかのスケジュールを明らかにすること」に重点がおかれ、市街地プロジェクトに土木・建設型の事業が圧倒的に多いことの問題点。復興計画への市民参加の課題。

本間は、とりわけ、二番目の点を問題視し、つぎのように、市民を置き去りにするような都市計画のあり方を厳しく批判する。

「神戸市が復興計画作成にあたってとったそれは委員会、審議会といった形骸化した従来通りの『市民参加』でしかなかった。ＯＢも高寄氏さえ言外に言っているように神戸市政は震災から、これまでの都市経営の教訓を何一つ学んでいない……一時期、神戸市の都市経営は全国の自治体の注目を集め、……その結果、市民生活や自然環境に様々なひずみが生じたのは疑いようのない事実である。問題は、その神戸式都市経営が、神戸市のように震災に見舞われる不幸な事態に陥っていないという唯一の理由により、なお全国の都市で続いていることであろう。……阪神・淡路大震災は神戸市を例に、自治体がそのような公共デベロッパーとしての役割に大きなウェイトを置いたままでいいのかどうかを問いかけている。」

この種の指摘は、神戸市が早期に復興計画を実行に移したときから、くりかえし批判されてきた。とりわけ、震災被害が大きく焼失家屋も多かった新長田駅南地区は住（木材住宅）商工（ケミカルシューズ関係）混在地区であった。この地区は、昭和四〇［一九六五］年の「神戸市総合基本計画」で、西部副都心として再開発が決定されたものの、その後大きな進展が見られなかった地区でもあった。

震災後の復興では、地下一階から地上二階までを商業スペースとして、その上層階を住居とする高層ビルが建築された。震災前の姿を知る者にとっては、震災後の姿は全く異なる町へと変貌した。

元の姿への復帰論は正論であっても、実際には困難な側面がある。背景には、震災後の人口構造の変化がある。少子高齢化の波は町工場や商店で一層進展して、後継者不足から廃業も増えた。地区の古い商店とつながりが強かった年齢層の減少も、かつての商店街の再興を困難とさせた。

こうしたなかで、観光客を取り込もうという動きがある。神戸観光といった場合、それは「世界の中の神戸」が観光客を引きつけるのか、「日本の中の神戸」が観光客を引きつけるのか。統計では、後者である。神戸への観光客は、神戸市周辺都市や近畿圏からが過半を占める。外国からの観光客は、京都や大阪と比較すると、その割合は低い。神戸周辺から、日帰りで訪れるのに便利で手ごろなのが神戸である。宿泊をともなう京都などと比べて、日帰りスポット神戸での観光客の消費額は小さい。

広域から宿泊をともなう観光客を引きつけるのは観光資源の豊富さである。多くの都市は祭事やイベント、コンベンションで観光客を引きつけようとする。重要なのはイベントにしろ、コンベンションにしろ、他都市と競合しながらの継続性である。国際コンベンションに関しては、日本では東京で開催される国際会議が圧倒的に多い。ついで福岡市、京都市、最近では仙台市でも会議数は増えている。神戸市は名古屋市や大阪市あたりと同じような開催数である。神戸市の場合、神戸医療都市との関係で医学関係の国際会議は誘致しやすいであろうが、それ以外は神戸での開催を理由づける何かが必要である。国際会議には単に直截的目的だけではなく、観光を含めてアメニティーや快適さが必要である。

2

神戸市も他の都市と同様に、行政課題として「少子高齢化」社会、とりわけ、高齢化社会へ対応を重視している。これには二つある。一つは高齢化が顕著な地域での社会システム上の対応策、二つめは高齢化社会を支える経済上の対応策である。後者については、かつての港湾や重工業に代わりうるリーディング産業が模索されている。神戸市は、その活路を医療産業のような研究開発型の振興に求めてきた。

医療産業については、①神戸経済の活性化、②高度医療サービス・先端医療技術の提供による市民の健康・福祉の向上、③アジア諸国の医療水準向上による国際社会への貢献、を目的とした「医療産業都市」プロジェクト—医療クラスター—が震災後の平成一〇［一九九八］年にスタートした。(*)

＊平成一三［二〇〇一］年に国の「都市再生プロジェクト」に選定される。翌年には文部科学省の「知的クラスター」—第二期認定は平成一九［二〇〇七］年—に選定される。平成二一［二〇〇九］年に文部科学省・経済産業省の「産学官連携拠点（グローバル産学官連携拠点）」に選定。医療産業都市といった場合、神戸の場合には先端の再生医療が特徴といえる。他方、たとえば、台湾最大の港湾都市の高雄市の場合は、産業構造の高度化の方途として、観光業、デジタル産業、グリーンエネルギーのほかに、「医療機器」産業の振興が打ち出されてきた。

ポートアイランドの医療産業都市構想に期待されたのは、「再生医療」関連の研究開発型の企業、学術機関の立地による経済効果であった。平成一九［二〇〇七］年、スーパーコンピュータ「京」の神戸立地が決定され、医療との関係では創薬への応用が期待された。経済効果といった場合、象徴的な表現でいうと、ポートアイランドや六甲アイランドに立地する大企業や、国家機関の医療産業クラスターと、海岸地域にもっぱら立地する中小企業など既存企業のつながりが重要である。両者にどの程度の連携性が生まれているのか。とりわけ、従来型の下請中小企業が、医療産業の研究開発分野の企業と取引関係をうまく構築できるのか。中小企業同士の共同受注活動の試みもみられるが、今後の新たな動きが注目される。

3　神戸市民は、開港以来の外国好きであるように思える。昨今では、米国オレゴン州ポートランド市を意識したまちづくりを志向する人たちもいる。

日本でも「地方創生」が叫ばれるが、参考とすべき先進事例としてよく引き合いに出されるのが、米国オレゴン州ポートランド市である。ポートランド市は、人口がここ一〇年来一〇パーセント以上増え続けた米国でも注目された都市である。総人口はやがて七〇万人へと達するだろう。六五歳以上の年齢層は全米平均よりは低い。ポートランドには若い高学歴者に職場を提供する成長企業があり、また、起業率も高い。ポートランド市やその近郊にはＩＴ関係のハイテク企業、スポーツ関連企業が立地する。ベンチマーキング的な思考方法論では、ポートランド市の地域活性化方策＝ベストプラクティスとして、①政策の市民参加型―ネイバーフッド組織―、②環境重視、③既存の建物の活用と街並み形成、④積極的なスタートアップ支援などが紹介されてきた。

だが、ここで留意しておくべきは、先進事例は成功したがゆえに先進的な問題と課題も同時に抱えていることである。都市が永遠に拡大することはない。個人や企業のポートランドへの移動は、当然ながら地価と賃料を引き上げ、急激な人口増はそれまでの地域のあり方を変容させる。ポートランドもまた多くの都市と同様に過密問題への対応に苦しみつつある。トランプ政権の末期に、ホームレス急増など米国の荒廃ぶりが顕わになったのは、こうした問題の深刻さの一面を示している。

神戸の方向性を考える場合、ポートランド市や、神戸市の姉妹都市であるシアトル市との比較も重要であるが、国内他都市の状況も見ておく必要がある。

国内の港湾都市から発展してきた横浜市は約三七三万人と神戸市の二倍以上の人口規模を持つ都市である。明治二二［一八八九］年の市制以来、何度にもわたって周辺地域を取り込み、市域を拡張して現在に至っている。横浜市もまた神戸市と同様の課題を抱える。また、同時に、首都圏に隣接する都市として世界の中の横浜の位置を模索している。

「横浜市将来人口推計」結果では、二〇二〇年あたりで横浜市の人口がピークを迎え、高齢化率は上昇している。神戸市が大阪への通勤都市＝ベッドタウン化したのと同様に、横浜市も東京二三区へ通勤する市民を多く抱える。神戸市では大阪市と大阪府のような二重行政問題はさほど論じられなかったが、横浜市は国や神奈川県との二重行政問題を重視する。背景に財政問題があるからだ。横浜市が「特別自治市」構想に拘るのも、税源移譲の下で、市独自に、広域的なまちづくり、産業振興、公営防災など地方事務をすべて行うほうがより効率的な行政運営ができると考えるからだ。

＊平成二五［二〇一三］年三月に、横浜市は「横浜特別自治市大綱」を発表、同年六月には第三〇次地方制度調査会が「大都市制度の改革及び基礎自治体の行政サービス提供体制に関する答申」を取りまとめた。横浜市は平成二七［二〇一五］年六月に「『特別自治市』制度における区のあり方（基本的方向性）」を発表した。

平成三〇［二〇一八］年に発表された「新たな中期計画の基本的方向」によれば、横浜市が「次の世代へ『横浜』をつなぐ」方途は、①「力強い経済成長と文化芸術創造都市の実現」、②「超高齢社会への挑戦」、③「花と緑にあふれる環境先進都市」、④「人が、企業が集い躍動するまちづくり」に集約される。

これに先立って示された「第二次横浜市大都市自治研究会」答申では、横浜市が抱える問題として、「人口減少と超高齢化社会」、「公共施設の保全・更新需要の増大」、「東京一極集中と地方創生」が挙げられている。神戸市も同様の問題を抱えているが、横浜と神戸が異なるのは、東京という巨大な都市圏に隣接するという、横浜市の立ち位置である。

横浜の将来の方向性の一つである「文化芸術創造都市（＊）」は、神戸の文化都市宣言とも重なる。「中期計画」には、「これまでに培ってきた、横浜らしい特色のある芸術フェスティバルや東アジア文化都市としての実績をもとに、多くの人を曳きつける都市を目指し、本格的な劇場など、横浜の新たな魅力を創出します。

また、歴史的建造物・公共空間を有効利用した創造界隈の活性化、創造性を生かしたビジネスの創出など、新たな価値を生み出す取組を推進します。さらに、市民やNPO等が主体となって行う文化芸術活動の支援や活動の拠点となる施設の整備・運営を進めます」とある。

＊都市経済と文化ストックとの関係については、つぎの拙著を参照。寺岡寛『文化ストック経済論―フロー文化からの転換―』信山社（二〇一七年）、前掲『地域文化経済論―ミュージアム化される地域―』。

この方向性は、開港後のハイカライメージを残した歴史的建造物の保存など、神戸市とも共通する取り組みでもある。芸術について、音楽や舞台芸術などのハード面―劇場など―よりも、今後はソフト面の充実が望まれるのも双方に共通する課題である。

横浜市は東京都との棲み分けをどうするのかを問われてきたが、いずれにせよ、「文化芸術創造都市」像では、「文化芸術が都市の活力を生み出すこと」、そのため、内外からアーティストやクリエーターなどを引き付けることが強調される。それには、視覚的にも「横浜らしさ」を演出できる港などの景観、歴史的資産の建物など「都市デザイン」力＝都市ブランドイメージが必要であると指摘されている。つまり、アーティストなどが住みたくなるような生活環境や創造環境の整備である。ただし、文化都市会館のような建物をつくって済まされるはなしではない。

アーティストたちが集まれば、そのような環境が自然とつくられていくのか。あるいは、その逆なのか。どちらが先かという議論がある。鍵は文化創造都市の解釈にある。文化創造都市とは、都市の文化資産が絡み合って文化創造へとつながることのできる都市である。そこで重要なのは文化創造の実質的な担い手である。たとえば、伝統産業分野の企業群―ほとんどが小規模事業体―だけではなく、大学など教育・研究機関などの存在も大きな役割を果たす。

また、横浜市は文化芸術都市のほかに、「グローバル都市」、活力ある都市農業とも関連させた「花と緑にあふれる環境先進都市」や、震災などに強い「強靭な都市づくり」も打ち出している。

他地域に目を転ずれば、九州の玄関口の港湾として発展してきた博多港や門司港(*)でも、さまざまな取り組みが行われてきた。福岡市はアジアの「ゲートウェイ」である博多港の機能を一層強化する先進的なまちづくりや、新しい産業の集積をめざす都市戦略を打ち出してきた。博多港の機能強化の点では、大型化する船舶の入港を可能にするような大水深の航路を浚渫工事によって確保し、その土砂を活用して埋め立てた地区―アイランドシティ―や、増加が予想される取扱貨物量や大型船に対応した大規模な港湾設備―国際競争力のある博多港―を整備してきている。

*門司港は、明治二二［一八八九］年に国の特別輸出港として指定された。そのため、商社、海運会社、銀行などが進出し、貿易港として発展することになる。また、関門海峡の要所という立地を生かして、九州への玄関港としても重視されてきた。しかしながら、戦後、中国などへの貿易が困難となり、その地位が低下することになる。門司港はそのような歴史から、国の重要文化財指定を受けた港湾関連の歴史的建造物を観光資源として生かしたまちづくりが展開してきた。

国際貨物では、とりわけ、国際コンテナ定期船にくわえ、RORO（Roll on Roll Off Ship）船は、トレーラーやフォークリフトなどが自走して直接乗り込むことが可能な船の構造となっている。このタイプは、クレーンを使わずに貨物の積み下ろしが可能であり、中国など東南アジアを中心に伸びてきた。定期航路の入船船舶の大型化は進んでおり、コンテナ船もその例外ではない。結果、吃水線の深い船舶が入港可能な港湾が必要となってきた。また、二四時間対応可能なコンテナヤードも必要となったことで、市街地に隣接した港湾ではなく、新たに沖合に造成された港湾物流ゾーンが整備されてきたのである。

ここでの政策課題は、港湾機能をより一層高度化させた先に、新たな産業が興隆していくのかどうかである。福岡市が想定するのは、健康・医療・福祉関連分野(*)、知識創造型産業―ＩＴ、ロボット、半導体の研究開発、ゲームなどデジタルコンテンツ関連産業、ナノテク関連産業など―、自動車関連産業である。

＊福岡市は、急速に進展しつつある少子高齢化社会の到来に備えて「ふくおか健康未来都市」構想を打ち出した。これは平成一四［二〇一二］年四月の「アイランドシティ事業計画」にも盛り込まれた「先進医療・福祉都市」をより具体化させた構想である。この構想の「目標像」は、①メディカル・コア機能―高度専門医療機関、臨床試験、人材育成等、②研究開発・ビジネス機能―医療機器・材料研究開発、機能性食品、漢方薬研究開発に関わる民間研究所、ベンチャー企業、③福祉・居住機能―充実した医療・福祉サービス、子育て支援、世代間のコミュニティ形成、などが有機的にネットワーク化された取り組みとされる。

現状では、博多港の輸出品目をみると、タイヤなどのゴム製品が全体の四割近くを占め、ついで自動車であり、この二業種で全体の六割近くを占める。そのあとに、産業機械、オートバイや電気機器、化学薬品が続く。博多港は、後背地に自動車産業があることから、自動車関連産業の輸出港としての性格が強い。輸入では、生活必需品が大きな割合をしめ、原材料などの比率はさほど高くはない。福岡は、この意味では、加工貿易型の産業都市の性格をもつとまではいえない。

換言すれば、博多港は神戸港の後を追っている。健康・医療福祉などや、産官学連携の施設整備、コンテナヤードの拡充、住宅などの整備は、神戸市のポートアイランドや六甲アイランドと重なる。また、福岡市も市の起債事業として埋立事業をすすめ、埋立地の分譲収入や港湾設備の使用料収入で、事業費を回収するというやり方をとる。

さらに、福岡市は埋め立て地区に住宅建設だけでなく、病院、大学、産学官連携施設—福岡ビジネス創造センター—を設けてきた。まちづくりの基本理念は「都市活力の向上に挑戦するグリーンアイランドの創造—豊かな自然と共生する低炭素型のまちづくり—」としている。言葉こそ異なるが、これもまた神戸市の掲げてきたビジョンと共通しているのではないだろうか。

次に、南の福岡市に対して、北の港湾都市として発展してきた函館市や小樽市のケースもみておこう。島国としての日本の発展は、海運に大きく依存してきた。新興地の北海道においても、まずは港湾都市の開発に着手した。

ロシア船や高田屋嘉兵衛（一七六九〜一八二七）が来航していた函館—当時は箱舘—は、嘉永七［一八五四］年の日米和親条約で下田とともに開港した。

函館港は江戸幕府の下で寄港する外国船への薪、飲料水や食料品の供給地となる。さらに、安政六［一八五九］年に諸外国と結んだ通商条約によって、長崎、横浜と並んで函館は、日本最初の貿易港—運上所（税関）も開設—となった。貿易は人をも引き寄せる。同志社大学創立者の新島襄（一八四三〜九〇）の米国渡航—上海経由—もこの港からであった。

開国後の北海道—蝦夷—の開発は、港湾都市の函館から始まった。開拓使出張所が函館に置かれ、本土＝青森との間に定期航路が開設、函館運上所は函館税関となった。お雇い外国人による港湾調査が始まり、日本人の手による港湾インフラの整備が行われ、造船所—その後、函館ドック—を建設、樺太への小樽港を挟んだ航路も開設された。函館は、外国文化の入り口としての雰囲気を残しつつ、北洋漁業の基地港や青函連絡船の発着港として性格を持った港町となっていった。

しかし、船舶の大型化やコンテナ輸送にともなう港湾インフラの拡張は、後述の、内陸物流の拠点や貿易港となる小樽港、石炭積み出し港や工業港となる室蘭港、苫小牧港や釧路港と比べて遅れた。現在では、苫小牧港が、全道の約半分の貨物を担い、外貿コンテナ取扱量でも七割以上を占める。函館にもセメント製造業や造船業が立地するが、製紙業、石油精製業、自動車関連産業をもつ苫小牧が、函館とは対照的に、その後、港湾としての地位を高めたのである。箱館が、門司と同様に、歴史的建造物などの観光資源を有効活用できる観光港湾都市としての性格を強めた背景も、このあたりにあろう。

小樽は、函館と並んで防波堤をもつ近代港として、北海道開拓とともに歴史を刻んできた。そして、鉄道や運河の整備によって北海道の石炭積み出し港、北海道内陸部開拓の移住民や物資の集散地、北海道産の豆類や小麦の積み出し港、木材の輸入、全国初の長距離フェリーの発着港として発展してきた。貿易港―国の外国貿易港指定は明治三二［一八九九］年―、商業港である小樽は、海運業、金融機関を引きつけ「北のウォール街」とされた。

現在も、小樽は、中国大連と直接結ぶコンテナ航路の開設―平成一四［二〇〇二］年―とコンテナ施設の整備で、北海道産の農作物の日本海側の国内物流拠点、国際クルーズ船の寄港である。しかし、その地位は相対的に低下しており、観光港湾として、経済発展の活路を志向しているのは、門司や函館と同様といえよう。

港湾工業都市だけではなく、より多面的な魅力をもつ港湾工業観光都市としての発展を目指す場合、港湾、工業と、観光との間のどのようなリンケージと相乗効果を狙うのかが重要である。神戸についても、そこに発展のカギがある。

補論　神戸市の将来ビジョン

神戸市の官製ビジョンなどについては、本論のなかでふれた。ここで、民間経済団体である神戸経済同友会の神戸市の将来ビジョンもみておこう。

一般社団法人神戸経済同友会は、第二次大戦の敗戦の翌年に設立された。姫路市出身の実業家で、姫路商工会議所の会頭も務めた牛尾健治（一八九八～一九五八）が初代代表幹事に就任したものの、昭和二三［一九四八］年に公職追放となっている。その後は神戸の実業家に引き継がれ、現在に至っている。神戸経済同友会には、牛尾の長男の吉朗も参加し、次男の治朗は経済同友会代表幹事にも就いている。

神戸経済同友会は、昭和四七［一九七二］年に、「一九八〇年代の新しい神戸への提言―マルチ・ポートシティへの展開―」を発表している。その後、ファッションシティ都市などの構想や産業構造転換に関するセミナーを開催している。以下、平成に入ってからの同友会の主要な提言を時系列的にみておこう。神戸の経済人の問題意識や神戸市の将来像への意識が反映されている。

平成三［一九九一］年　「神戸経済の未来像に関する提言―新ポートシティの創造―」（同友会九〇年問題委員会）。

平成五［一九九三］年　「兵庫経済の未来像に関する提言―緑あふれるゆたかな〝くに〟兵庫の創造―イノベーションと交流―」（同）、「『活き活き』企業と『はつらつ』人間―ゆとりある生活と企業経営を考える―」（同）。

平成六［一九九四］年　「『アジアと共に歩む』―相互理解から相互信頼へ―」（同）。

平成八［一九九六］年「新産業創造に向けての人づくり―復興の中から二一世紀を担う人材を求めて―」（二一世紀委員会、なお、この前年に阪神・淡路大震災が発生）。

平成一〇［一九九八］年「地域活性化に向けての内外交流について―若者が集うハイモビリティ都市を目指して―」（地域開発委員会）。

平成一一［一九九九］年「観光産業の復興と地元経済の発展に向けて」（産業構造問題委員会）。

平成一二［二〇〇〇］年「成熟化社会における新しい雇用のあり方」（成熟化社会問題委員会）。

平成一三［二〇〇一］年「二一世紀『新・国際都市神戸』をめざして―産・官・学・民による新しい街づくり―」（国際委員会）。

平成一四［二〇〇二］年「女性が活躍する『感性都市』へ」（産業構造委員会）。

平成一五［二〇〇三］年「ネクストソサエティに向けたキックオフ『六甲山に公共上下水道』を」（地域開発委員会）。

平成一六［二〇〇四］年「知的財産の創造と活用による神戸のルネッサンス―『変り者』が育ち、集い、活躍する街へ―」（国際委員会）。

平成一七［二〇〇五］年「安全・安心な都市づくりに向けて『コミュニティ力』の向上を」（一六年度提言特別委員会）。

平成一八［二〇〇六］年「神戸が好き！私たちのまちづくり―観光・集客―」（一七年度提言特別委員会）。

平成一九［二〇〇七］年「神戸港を『瀬戸内海クルーズの母港』に、そして世界を代表する『交流のみなと』に」（一八年度提言特別委員会）。

平成二〇［二〇〇八］年「企業の社会的役割と少子化対策」（一九年度提言特別委員会）。

平成二一［二〇〇九］年「『デザイン都市・神戸』のロードマップ―神戸をデザインの聖地に―」（二〇年度提言特別委員会）。

平成二二［二〇一〇］年「はじめよう・ひろげよう兵庫・神戸企業のＣＯ２削減」（二一年度提言特別委員会）。

平成二三［二〇一一］年「『神戸海港都市づくり研究会を』核とした戦略的かつ継続的な都市づくり」（地域開発委員会）。

平成二四［二〇一二］年「人口減少社会における日本の針路―産業政策における兵庫・神戸モデルの構築―」（二三年度提言特別委員会）。

平成二五［二〇一三］年「世界中の人が来たくなるまち神戸―ｉＫＯＢＥ（アイコウベ）―」（二四年度提言特別委員会）。

平成二六［二〇一四］年「社会の成熟化に適応する〝発想のイノベーション〟を―人口減少が続く中で地域の自立に向けて―」（二五年度提言特別委員会）。

平成二七［二〇一五］年「女性が輝き、イキイキ元気に活躍する兵庫・神戸を目指して」（二六年度提言特別委員会）。

平成二八［二〇一六］年「神戸・兵庫の観光ポテンシャルの革新―三大スポーツイベントに向けて―」（二七年度提言特別委員会）。

平成二九［二〇一七］年「医療産業都市の進化、健康を創造する『美ＫＯＢＥ』に―心も体も元気に美しくなる街ぐるみの仕掛けづくり―」（二一八年度提言特別委員会）、「兵庫のポテンシャルを再構築―旧い成功体験からの完全脱却―」（平成二九年度提言特別委員会）。

平成三〇［二〇一八］年「兵庫・神戸を住みやすく、働きやすくするプラットフォームによる情報共有・情報発信の一元化が必要―利用者視点で産官学が連携してこそ成果につながる―」（平成三〇年度提言特別委員会）。

令和元［二〇一九］年「兵庫・神戸を人が集う魅力あふれる地域へ」（令和元年度提言特別委員会）。

神戸の経済人たちの団体である神戸経済同友会のそれぞれの年での「提言」を振り返ると、未来を見据えた新規性のあるものというよりも、その時期に県や市が打ち出したビジョンとの同調性が強いのではないだろうか。

終章　神戸はどのように道を開くのか

神戸の市民のよさは、「芸術というのは市民社会にどのように用ウベキモノカ」という奇妙な知恵をもっている所にある。これはゆゆしき知恵で、日本では、おそらく神戸しか、この「知恵のフンイキ」はないであろう。

（司馬遼太郎「ここに神戸がある」『神戸っ子』連載第一〇〇回）

神戸の将来、神戸の発展方向はどうあるべきか。だれが神戸の将来を担うのか。どのようにして発展方向を切り拓くのか。担い手が、若者であることは自明だ。ただし、その若者に未来を託す、元若者たちの情熱と支援が必要だ。

1

日本経済団体連合会は、『今後の大都市政策の考え方』（平成二八［二〇一六］年）において、前年に発表したビジョンを引用し、「都市は、世界から幅広い企業・人材を集め、新技術・新産業を生み出すグローバル拠点として、世界の都市間競争で優位を誇る存在になっている」ことを掲げ、それを今後どのように具体化できるかが重要であると提起した。

そして、「都市計画」の必要性、都市経済の基盤を再構築できる産業の必要性、地域経済を牽引できるような中核企業（コネクター・ハブ企業）―地域の中で取引が集中し、しかも地域外とも取引を行っている企業―の必要性、中心市街地の再活性化、子育て・地域医療福祉の充実、「都市の個性」を発揮できる観光資源への取り組みが、強調された。

しかしながら、経団連の現状認識では、東京圏、関西圏、名古屋圏でも「世界の主要都市と比較して、グローバル化・少子高齢化への対応の遅れ、都市基盤・交通インフラ・公共施設および公共性の高い民間施設の老朽化などに直面している」と厳しい評価が下された。こうした状況下において、神戸市＝「地方政府」は、どのような展望をもって将来を切り拓くべきなのか。

ところで、「地方政府」という言い方は聞きなれない。多くの場合、よく登場するのは「地方自治体」である。「地方自治体」といった場合、「地方」はわかりやすいが、自治体の「自治」は、自治会ほどにはピンとこない。法律文書には「地方公共団体」が登場する。地方公共団体の場合、「地方」と「公共」は直観的に理解できても、「団体」はわかりづらい。

行政学者の曽我謙悟は、地方自治体や地方公共団体といった場合、「地方」が単に「国＝中央政府」の行政機構の一つに過ぎない語感を与えると指摘する。地方にも政治があるし、立法活動が行われているにもかかわらず、である。そこで、地域住民が自らの意志で政治的代表を選び、独自の政策をつくりだすことができる以上、地方の代表と統治の全体を理解するには「地方政府」という言葉が妥当とみる。

曽我は、『日本の地方政府―一七〇〇自治体の実態と課題―』で、「地方政府とは、実は理解が難しい存在である。（中略）……だが、日本の地方政府は、以前より強い自治を持つことによって、帰納的な存在になったのだろうか」と自問し、地方政府の現状と課題をつぎのように整理した。

（一）地方議会は、提案権をほとんど行使していない――提案権を用いるインセンティブの欠如。

（二）地方政府におけるマネジメント意識の欠如――「さまざまな主体が相互に調整なく、緩い統制をかける形となる。それは統制全体の方向性を曖昧にする。また、統制の全体量が多いため、組織下部の自律性が失われ、全体としての効率性も損なわれる」。

（三）地方公務員の専門性の低下――地方政府の所管業務の幅が広いため、スペシャリストとしての育成姿勢の欠如。

（四）地方政府のプラットフォーム化への危惧――「自ら政策を実施する局面から後退し、公共問題の解決策の提示も人々へ投げ返すことが増えている。公共問題の解決策の策定と政策実施の立場から行政が退くならば、行政の存在意義はどこにあるのか。それは何が公共問題かという問題設定を行い、その解決に向けて民間部門の協力を引き出す」という意識の欠如。

（五）人口数という信仰＝従来型政策の見直しと人口減少社会への対応――「人口という単一の尺度で捉えることは歪みを生む」。従来の政策観からの意識転換の必要性。

（一）については、わたしの職業経験をとおしてみても、地方議会に立案能力のある議員が選出されてきたとは、お世辞にも言い難い。二世・三世議員の中には能力に問題がある人たちも一定数いる。（三）については、かつては信用組合や信用金庫を所管する部署に専門家がいたが、担当者との癒着による金融スキャンダルでそのような人事もなくなってきた。地方自治体の職員の専門性は低下して、結果、マニュアル対応職員が増えてきた。

曽我自身が最重視するのは（五）であって、「日本の地方政府に関する考え方や観念として特徴的なのは、『人口』という視点が常について回ることである。端的に言って、私たちは、国については経済規模（GDP）ばかりを見て、地方については人口規模ばかりを見るのが習い性になっている。逆に、地方については経済規模をあまり意識しない」と批判する。

神戸市についても、その人口規模だけが意識されてきたような感がしないわけではない。しかし、地域の人口減は、地域の消費市場の縮小を意味する。それでは、神戸市は、人口減の地域課題をどのように解決するのか。

神戸市に限らず、日本の地方自治体は、スローガンが大好きである。これは「スローガン・メンタリティ」と呼べなくもない。スローガンは、もともとはスコットランド地域の兵隊たちが唱えた鬨の声―ゲール語―を意味する言葉であった。それが転じて、政治団体や社会団体などの主張を短くわかりやすい標語にしたものの意味になった。なにごともうまく行っているときには、スローガンを掲げる必要はない。

他方、神戸市に限らないが、イノベーションを冠したスローガンが目立つ。横文字好きの神戸市の場合、イノベーションに「アーバン」を関して、「アーバン・イノベーション神戸（Urban Innovation KOBE）」＝「国内自治体初の地域問題プロジェクト」のスローガンを掲げた。

内容は「起業・スタートアップ支援による神戸経済の活性化を目指す」ため、神戸市は、「本市の地域・行政課題をスタートアップ（成長型起業家）・ベンチャー企業と市職員が協同して解決する国内自治体初の取り組みであるプロジェクト『Urban Innovation KOBE』」を通じて、アーバン・イノベーションをはかるとする。

神戸市は、アーバン・イノベーションのスローガンの下、八つの課題を解決するスタートアップ案の募集を行った。要するに、神戸市が地域の行政課題を明示的に示し、その解決案をもつベンチャー企業を募り、新たに新規開業する起業家から具体的提案を求めようというのだ。審査の選考に残ったスタートアップ案は、担当市職員が四か月にわたって、「協同開発」し、試行・実証実験―開発支援金は最大五〇万円―を行うプログラムの対象となる。

官民連携運動の「アーバン・イノベーション神戸」には、その後、隣接自治体の芦屋市も参加を表明した―開発支援金は支給なし―。また、久元市長が任期の第一期に訪れた米国カリフォルニア州シリコンバレーでのベンチャー型企業のスタートアップ支援にヒントを得て、同地の企業と提携の下で「500 KOBE ACCERATOR」プログラムをスタートさせた。

はたして、「官都」といわれてきた神戸において、神戸市主導で神戸市内外から人材を呼び寄せ、イノベーティブな企業が多く生まれるのか。

起業という言葉は、明治の農商務官僚前田正名が編纂した『興業意見』にすでに散見される。現在では、起業に代わって「スタートアップ」という言葉がよくつかわれる。背景には何があるのだろうか。

英米圏だけではなく、ドイツ語圏でもこの言葉を冠した雑誌が発行された。そのような雑誌の記事の内容からもわかるように「スタートアップ」が意味するのは、単に語感的に示唆する創業や起業ではない。高学歴者による新たなビジネス展開への期待が示唆されている。

スタートアップの「スタート」に込められた意味とは、新たな事業を高学歴者など新たな社会層によってスタートさせることにある。そのような事業の短期間の急成長に、大きな期待が寄せられる。新規企業の急成長は、地域の雇用拡大などを通じて地域経済の活性化につながるからだ。たとえば、米国カリフォルニア州サンノゼを中心とするシリコンバレーの興隆は、新規企業の急成長なくしてはありえなかっただろう。

神戸市において誰が具体的にそのような役割を担うのか。問題と課題は、この一点にほぼ集約される。神戸市で、本来のスタートアップに相応しい魅力あるビジネスプランを持ち、高リスクをとる投資家からの資金提供を受け、高度専門人材を活用しつつ、大きな潜在成長力を実現させる事業家層の厚さはどのくらいだろうか。真の意味でベンチャー企業の成功は一〇〇〇のスタートアップのうち三社、いわゆる「千三」ともいわれる。シリコンバレーでも、上場できないままに消え去る企業も多いのである。それを神戸市の職員がサポート役に回り、その成功率を引き上げることなど、どの程度可能なのだろうか。

たしかに、神戸市にいろいろな事業家や起業家、あるいはその予備軍がやってきて、毎年、多くの新規事業や新しい企業が生まれ、すべてといわないまでも、その一部が残り、一定の成長を続ける連鎖が生まれれば、神戸はたしかに経済活動が活発な都市となる。問題は、神戸市という自治体の人材、資金とネットワーク力で「スタートアップ」のための条件が整備されるのかどうか、である。

ネットワークの形成は、初期条件としてのネットワーカーの存在なくしては困難である。やや唐突な比喩かもしれないが、興味ある事例がある。東京都内山手線の田端駅にかつて文学、美術、工芸、思想家など多彩な人たちが集まる「田端文士村」があった。なぜ、そのような場に四〇〇人近い文士や芸術家たちが集まり、そこで多くの文学作品や芸術作品が生まれ、気がつけば、「田端文士村」と呼ばれるようになったのか。

田端文士村はいまでいえば「知的クラスター」といってよい。その誕生の経緯は、今後の創造都市などを考える上で、参考になる。当時の東京市が、政策として町はずれの田舎＝田端に、鳴り物入りの政策で文士を集めたわけではなかった。実際のところ、公的部門の関与と助成があったとは思えない。

東京府豊島郡滝野川又字田端は、明治末の写真では一面畑であった。だが、上野の美術学校―現東京藝大―からは、徒歩で三〇分強の距離である。藝大に通う芸術家の卵たちが住み始めた。のちに文化勲章受章者となる陶芸家の板谷波山（一八七二～一九六三）が、作品の売れない若いころ、何とかやりくりして住んだのは地価の安さが理由である。夫婦で手作りの窯をつくりあげ創作活動をしていた。やがて、彼の存在が美術家や工芸作家を呼び寄せた。いまの言葉でいえば、板谷はネットワーカーであった。

その後、芥川龍之介（一八九二～一九二七）がやってきた。偶然といえないこともない。下町育ちで世話好きの龍之介のネットワーク形成力が小説家や詩人を引き寄せた。現代風にいえば、芥川もネットワーカーあるいはインフルエンサーといえよう。こうして、それまで一寒村にすぎなかった田端は、文人や芸術家たち四〇〇人が住む「田端文士村」となっていった。彼らはここで互いに刺激し合ったのだ。電話やインターネットが普及していないころである。互いに歩いて行ける距離の下、文士や工芸作家、画家たちの交流は実に蜜であった。田端は多くの作品を生み出すインキュベータ＝苗床のような存在であった。

田端の歴史を良く知る文筆家の近藤富枝（一九二二～二〇一六）は、『田端文士村』で、田端を「日本のモンマルトルだと彼らは考えていた。電話もなければ電車の本数も少ない時代である。どうしても『方寸』のようなまとまった仕事を協同でするのは、互いの家が近くなければ不便だった。こうして田端は画家の巣になった。『田端に一度もすまなかった画家は少ないだろう』という人も、あるくらいである」と紹介する。

また、近藤は、「田端の王様」＝芥川を中心とする文士たちの様子を、つぎのように描いた。

「大正三年、東台通りに芥川龍之介一家が移ってくるに及んで、田端は俄かに文士村と化し、作家の往来が目立った。ことに芥川の書斎澄江堂は、彼を慕う新進たちで賑わった。そして龍之介を囲繞する文士群との間に、大正期特有の人情豊な濃密な交流が始まった。」

モノクロ写真のなかの芥川から受ける印象は、気難しく近寄りがたい小説家である。だが、実際には彼は、下町育ちの世話好きの青年であった。芥川自身も、若くして世に出た彼に対して、ライバル意識や嫉妬心の強い文士仲間から距離を置くには、田端が心地よい場所であったようだ。芥川の周りには、文士だけではなく、金払いの悪い文士たちの診療もした文学好きの医師やパトロンのような実業家なども集まった。

その後、大正一二［一九二三］年九月一日に関東大震災が起こり、文士たちのなかには故郷へ帰る者もいたり、東京市下の被災地から田端への一時避難者が増えた。その後、定住した人たちもいて、やがて、田端は文士村から東京の通勤の便利なベッドタウンとなっていった。

残念なことに、昭和二［一九二七］年七月の芥川の自殺によって、田端は吸引力を失っていく。最後に、決定的打撃を与えたのは、太平洋戦争下の大空襲である。田端やその周辺は焼け野原になった。現在、田端駅前の田端文士村記念館がなければ、この地に多くの文士たちがいたことを思い浮かべるのは困難だ。田端は大きく変容してしまった。田端文士村の経緯は、ニューヨークの芸術家のたまり場となったソーホーや、フランスパリのモンパルナスとも重なる。

田端文士村＝文学・芸術クラスターの発展経緯は、産業クラスターの形成についても多くの政策的示唆を与える。田端文士村の経緯は、板谷波山や芥川龍之介という人物を措いて語ることはできない。同様に、都市にクリエィティブ産業やそのようなクラスターの興隆を望むならば、その核となる中心的人物を欠いて、外観だけ立派なイノベーションセンターのような建物を建設して済まされるものではない。板谷や芥川はネットワーカーであった。地域経済の発展に多くの有益な政策を提示してきたマイケル・シューマンの言葉を借りるとポリネーター——受粉者（花咲爺さん）——である。(*)

*ネットワーカーとは、元来、コンピュータネットワークの利用者あるいはその業務に関わる人たちを指した。そこから転じて、広範な人脈をもつ人たちの総称となった。他方、ポリネーターとは、元来、植物の花粉を運んで受粉、受精させる蜂などの運び手を意味した。そこから転じて、企業のスタートアップなどを促進する人たちを意味する。

日本文学史に名を残した人たちを田端に集めたのは、芥川龍之介を中心とするネットワーカーたちが創り出した地域の魅力、地価が安く借家も容易に借りることのできた住環境の魅力であった。その後、田端も東京都心のベッドタウンに取り込まれ、いわゆるジェントリフィケーション化(*)の下で変容を迫られた。これもまた、大都市に若い事業家や起業家を引きつけ、新たな産業の発展につなげることが困難な隘路の一つである。

*ジェントリフィケーション——高級住宅化、中産階級化などいろいろな日本語訳がある。都市の貧困層の居住地区が、たとえば、家賃面で支払い能力の低い芸術家などが移り住み、やがてその地域が知られるようになり、観光客が増え、レストランや商店が立地することで地価や家賃が上昇し、やがて貧困層の居住が困難になることを示唆した。また、都市再開発のために、低所得者住宅を撤去し、高い家賃の新たな高層住宅を建設することでそれまでの住民が居住できなくなることでもある。かつてはニューヨーク市のソーホー地区などが典型的とされたが、東京都心部でも同様の現象が起きてきたとされる。

これらの点は、本書でも何度も紹介したジェーン・ジェイコブスに大きな影響を受けた経済学者リチャード・フロリダの見方にも共通する。フロリダは『創造的階級の興隆論再考』（邦訳『新クリエィティブ資本論―才能が経済と都市の主役となる―』）で、ジェイコブスの基本的な考え方をつぎのように要約してみせる。「経済学者や地理学者は常々、経済成長の原動力となり始点となるのは特定の地域や都市、あるいは街であると認識していた。しかし従来の考え方では、ある場所が発展する理由は、そこが輸送経路に隣接しているか、あるいは企業を誘致できるような天然資源を持っているから、となる。……地方自治体はこの理論に従って、企業を誘致するために優遇税制や道路建設を計画するが、このような出費ありきの発想は、もはや成功へのカギとはなり得ない。

偉大な都市理論の提唱者であるジェーン・ジェイコブスは大学出の経済学者ではないが、彼女の成長理論はこの分野に確固とした業績を残した。彼女の目には、新しい種類の仕事や方法が大規模な経済の拡張を促したと映っていた。ほとんどの経済学者が大企業や企業が、国家国民を主なプレーヤーと考えていた中で、ジェイコブスはイノベーションを推進する原動力は大都市とみなした。企業には専門化―より安く、より効率的に、より均一に―という膨大な圧力がかかっている。その一方、都市には多岐にわたる才能と専門性を持つ人々がおり、その幅広い多様性によって真に新しいものの創造に拍車がかかっている。『都市にあらゆる種類の多様性が生まれるのは、そこには非常に多くの人々が密集しているからであり、その人々が実にさまざまな趣味、技能、要求、物質、そして独自の考えを持っているからである』とジェイコブスは主張した。……ノーベル経済学賞を受賞したロバート・ルーカスは、……豊富な人的資本がもたらす生産性向上がなければ、都市は経済的に機能しなくなると主張し、これを『ジェーン・ジェイコブス的外部性』と呼んだ」（井口典夫訳）。

ジェーン・ジェイコブス的外部性は、田端文士村にも共通した。神戸文士村の成否はともかく、神戸クリエィティブ産業村の形成には、その核となるネットワーカーのような人材が必要である。そして、賃料が安くて若い人たちが入居できる場の提供も重要ではある。

古い建物を潰し、新しく建設されるイメージ先行のハイテクビルは、賃料の点でそのような場とはなりえない。耐震設備などの機能は付加されつつも、古い雑居ビルをいかにうまく提供できるかである。欧州の都市ではそのような試みが続けられてきた。わたしも米国や欧州諸国のハイテクセンターやサイエンスパークをずいぶんと観てきた。関係者へもインタビューを重ねてきた。新しい建物もあるが、古い建物をうまく活用した施設が多いのも特徴である。

2

若者たちにとっての神戸市の将来像は、どうであろうか。それは将来、神戸に住み、働き、生活したい人たちの神戸像に連動しているだろうか。彼らや彼女らは、神戸市の将来像をどのように描くのか。

まずは、関西の中の神戸市像はどうあるべきか。関西を滋賀県、奈良県や和歌山県を含む広域圏としてとらえる見方もあるが、京阪神というような三大都市圏でとらえる見方もある。京阪神圏の人たちは、ともすれば後者の肌感覚をもつ。神戸市の将来は京阪に共通する領域もある反面、神戸特有の問題と課題もある。

神戸の場合、造船や鉄鋼など加工組立産業や素材・中間財産業の事業所の域外移転と域内再編成が、とりわけ、前者に関連する中小零細企業の存立に大きな影響を与えた。むろん、これに代わり得る新産業の興隆があれば問題はない。だが、かつてのように広範囲で、経済的便益をシェアできる産業群があるのかどうか、検討を要する。ＩＴ産業などが地域産業の戦略的産業として安易に示される。だが、国際的な分業化の下で、

ＩＴ産業が地域経済振興にどのような便益をもたらすのか。

また、神戸市人口は減少したとされるが、実際には地区的差異がある。都市中心部の中央区、灘区、東灘区と他区とは異なる。中央区などでは、高層共同住宅の林立によって大阪などからの人口が流入した。(*) 結果、商業やサービス業へプラスの効果がもたらされた。他の区域は人口減によって商業・サービス業の存立が苦しくなるなど対照的な動きがある。

＊たとえば、震災後の三宮地区の人口変化について、小林郁雄は居住歴から「震災前から住んでいる人は三割にすぎず、他の七割は震災後の転入である。しかも、これら転入者の内の六割、全体の四割は市外からの転入で、神戸市内他区からの転入は二割（全体の一・五割）にすぎない。こういった市外転入率の高さは中央区あるいは神戸市全般についてもみられるが、三宮地区は特に高く、この傾向が一般に強いといわれている東灘区の平均よりも高い値である。……都心回帰という面も否定できないが、むしろ、大阪の郊外住宅地としての性格を強めた結果といえる。静かな居住環境を求める人は阪神間や東灘区へ、便利な都市的環境を求める人は三宮周辺を求めるという構図が推測できる。」（広原盛明・高田光雄・角野幸博・成田孝三編『都市・まちなか・郊外の共生―京阪神大都市圏の将来―』晃洋書房、二〇一〇年）。いずれにせよ、こうした住民構成の変化によって神戸市の将来像への考え方も、震災を知らない世代の増加とともに変わりつつある。

山を切り開き造成された新興住宅地域の場合、コンパクトシティ構想の下で旧市街地とどのようにウィン・ウインの関係を構築できるのか。計画好きの神戸市行政が、市民を意識する新たな対応が迫られてきている。

これからのまちづくりの方向性は、従来の成長型都市設計ではなく、活力を残す「縮小型都市」の設計がより現実的になる。この方向性の一つは「コンパクトシティ論」である。神戸の今後の方向をコンパクトシティ化であると主張する人たちも一定数いる。重要なのはどのような基準でもって、住民たちの便益を大きく引き下げずに、都市をコンパクト化するかである。従来とは異なった対応も必要となる。たとえば、従来の厳格なゾーニング(*)に代わって、新たな職住近接化や商工住混在化も必要だ。

＊ゾーニング――土地利用を住宅地区あるいは工業地区のように、その目的を定めて許認可を行う都市計画手法の一つでもある。

いずれにせよ、神戸市が内外に抱える諸問題は、単に日本の一都市のものだけではない。それは日本のみならず世界の諸都市に共通する。背景に、都市問題が欧米諸国で先行的に表れてきた経緯もある。なんでも日本特有、神戸特有というわけではない。たとえば、都市再開発も、いまでは、世界共通の課題となっている。

都市再開発では、公的部門から民間企業へのシフトが重視されるようになった。これには、現在でも賛否両論の面がある。企業中心の私的利益集団による都市再開発の公共性や公平性を、どのように担保するのか。その基準は明確ではない。

それまで、市民が自由に利用してきた公共空間が、財政難を理由に私的利益集団に売却されたりすることで、公共空間を利用する市民の権利の次世代への継承が問題となっているケースもある。この種の課題は、都市のなかの経済格差と無関係ではない。この傾向について、英国出身の地理学者デヴィッド・ハーヴェイ（一九三五〜）は、『反乱する都市―資本のアーバナイゼーションと都市の再創造―』で警鐘を鳴らしてきた。

ハーヴェイは、パリやロンドン、ニューヨークの「怒れる者たち」の運動＝都市社会運動を、「反乱する都市」の動きととらえた。ハーヴェイは、都市での民間主導開発は都市企業家主義であり、また、都市文化を強調する「文化都市」構想へもきわめて懐疑的である。また、ハーヴェイには、都市産業の観光業振興策も都市そのものを商品化するものであって、都市が本来保持すべき「都市コモンズ(*)」なるものへの軽視と映る。

＊公共的空間と訳しておく。コモンズという概念がよく登場するようになったが、これに該当する従来の言い方を強いてすれば、「入会地」ということになろうか。

「文化都市」という表現は、多くの人びとにとって心地よい響きを与える。神戸衰退論もあるなか、将来展望を模索する神戸の若者にとって、文化都市という都市再生の方向性は魅力がある。振り返ってみれば、日本の二一世紀は小泉政権の成立と、その下での数々の「改革」案で始まった。小泉政権は内閣府に都市再生本部を設置して、「都市再生特別措置法」の下で、民間の力を都市再生に振り向け、日本の経済再生を実現することを表明した。

背景には、バブル経済が崩壊し土地など「不良債権」を処理する必要性があった。大都市圏の指定地区の容積率を緩和し、ＰＦＩ(＊)による再開発の促進、都心などの渋滞緩和のための環状道路の建設、物流機能強化などが打ち出された。

＊ Private Finarce Initiative の略である。内閣府は、公共施設等の建設・維持管理・運営などを民間資金、経営能力や技術力を活用して行う手法と説明する。そのメリットは国や地方自治体が直接、事業を実施するよりも効率的・効果的に公共サービスを提供でき、国や地方自治体が費用節約とより質の高い公共サービスへシフトすることが可能になるとされた。この手法は平成一一［一九九九］年成立の「民間資金等の活用による公共施設等の整備等の促進に関する法律」に基づく。国や地方自治体が行ってきた事業を民間事業者に委ねることで、民間への新しい事業機会の提供を通じて新産業や地域経済の活性化へ期待が寄せられた。

都市再生の視覚化では、東京都心に高層ビルが次々と登場した。その後、高層のタワーマンションも建てられた。つまり、大都市中心部の大型プロジェクト型再開発の時代が来たのである。ここ一〇年来、多くの都市の景観は、タワーマンションなどによって大きく変わった。問われるべきは、そうした都市の再生とは、中心部の一層の高密度化を進めることであったのかどうか、である。

都市再生の担い手は、元来、そこに居住する市民であった。だが、市民がいない都心では、ハーヴェイ教授の指摘どおり、担い手は民間企業、とりわけ、大手デベロッパーであった。都市において、「市民」は言葉としては存在していても、それは可視化されない存在である。だれにとっての都市再生なのか、この点が重要なのである。都市の生活者としての市民なのか、都市経済を支える都市の企業群なのか。これにより都市再生の必要性の内実が規定される。

工業都市として発展した都市は、多くの従業者を引きつけ、定住させ、生活圏―居住地区―やさまざまなインフラの整備を促し、快適性を提供し、同時に過密問題をもたらした。そうした工業化＝都市化の時代もすでに終焉してきた。工業は都市を離れた。大規模人口を抱える大都市は、消費の場と化した。その消費を維持するのには、生産の場が他地域に移転したとしても、生産の前後に関わる諸機能が大都市を通過することが鍵を握るようになった。大都市に研究開発機能、製造支援サービス、販売などの機能をもつ事業所が立地することで、生産は大都市を通過する。

とはいえ、以前とは比較にならないほどに、生産の地域内自己完結性は、経済のグローバル展開の下で崩れた。結果、都市の有した経済的存立基盤の見直しによる都市の再生が促されてきた。脱工業の一つの方向は、その巨大な消費圏の維持を製造業以外に求めることである。都市の文化が強調されたのも、この文脈に沿ってである。しかし、対応策がディズニーランド的な人工都市の建設で済まされるはずはない。そこを訪れる人たちの消費ではなく、そこに住む人たちの生活の維持が前提となる。

だれが都市再生の担い手になりうるのか。社会学者の吉見俊哉は、「都市の死、文化の場所」で、「都市の死」は都市が周辺化されるか、高度に中心化されたときのいずれかとみた。吉見は、つぎのように現状を分析する（植田和弘他編『岩波講座　都市の再生を考える』所収）。

「周辺化されることによる都市の死とは、たとえば地方の工業都市や鉱山都市、中小の地方都市が、情報化やグローバリゼーションのなかでの産業構造の変化によって経済的な衰退を余儀なくされていったときに生じうる。……このような事態に直面した『地方』の都市には、いったい何ができるのであろうか。しばしば採られてきた常套手段は、『工業』から『観光』への軸足の移動である。……他方、大都市においてはこれとは別種の『死』が、都市の文化を覆っていく。この場合『死』とは、都市のいわば記号論的な死、都市に生きる人々が、そこで経験される文化についての意味生成力を喪失していくような事態である。……東京ディズニーランドであれ、六本木や汐留、丸の内、そして湾岸の都心再開発であれ、八〇年代以降の東京の都市文化をリードしてきたのは、けっして若者たちや生活者の間から紡ぎ出されてきたような草の根文化ではなかった。」

神戸もまた、吉見の指摘するように、従来型の都市経済からの脱却が迫られてきた。それは震災の影響の深刻さに促されたのではない。それ以前から、東京の変容を取り巻いたグローバルな動きの波及の下で都市の再生が必要となっていたのだ。グローバル化の下、東京は、他の主要都市から人と資本を引き寄せることで、さらに拡大してきた。他方、神戸などは東京と同様の対応など不可能であった。ゆえに、真の意味での都市の再生が求められた。その場合、都市再生の担い手は「市民」とされながらも、実際には、吉見も指摘するように、「大きな資本を有する民間企業によって担われるものとされ、市民参加によって切り開かれるものとは考えられていない……東京や大阪、横浜などの大都市において、街づくりや都市の文化の形成主体がいったい誰でありうるのかを考えることが簡単ではない」という現実がある。市民とは集合概念であるが、いまやアトム化された住民が形式的な市民である。この点は、ニューヨークの都市再開発計画をめぐるモーゼス対ジェイコブスの「闘い」以来、古典的な命題ともいえる。

ニューヨーク市内グリニッジ・ビレッジは、画家や音楽家など芸術家、作家などが住み始め、その時間の経過とともに自然に出来上がった地区でもあった。その後、米国は自動車社会となり、ニューヨーク市にも自動車が押し寄せた。市内は常に渋滞し、その解消が大きな課題となっていた。

ロバート・モーゼスに代表されるニューヨークの都市計画官僚は、低層住宅の撤去と高層住宅の建設によって、高速道路や車道の確保を計画した。これに反対を唱えたのは、地域住民、とりわけ、公園などの撤去に反対する子供をもつ母親たちであった。のちにジェイン・ジェイコブスは抗議運動に加わり、運動のシンボル的存在となった。

都市問題ジャーナリストのアンソニー・フリントは、『モーゼスとの闘い』（邦訳『ジェイコブス対モーゼス――ニューヨーク都市計画をめぐる闘い――』）で、グリニッチ・ビレッジやワシントンスクエアをめぐる闘いを取り上げた。フリントは、モーゼスなど都市計画官僚とジェイコブスなど住民たちの抗議運動の対立の根本にあった問題を踏まえ、ジェイコブスの考え方をつぎのように要約する。

「個の発展は計画されたのではなく自然発生的なもので、この地特有の力といえるのだ。この公園にはまともで、上品、貴族的なニューヨーク市の側面もあれば、支配階級、権威、そして秩序への抵抗という面も見られた。

オックフォードとイェール出身のその男は（ロバート・モーゼス―引用者注）、全く違った見方をしていた。……グリニッジ・ビレッジの住民が心地よくて、気取らないと感じていたこの場所も、モーゼスにとっては荒れ果てた公園に過ぎなかった。……（中略）……どうすれば都市が本当に機能するのか……彼女はすでにそのような都市の基本的な条件を特定できていた。それらの混合利用にあった―住居が店舗、事務所、レストランそしてカフェなどと程よくまじりあった状態である。訪ね歩いた都市には、みな一様にそのような古くからの近隣地域があった。だが本当に、混合利用は活力、地域社会、安全そして自己再生力をつくり出すことができて、しかも孤立した高層住宅では絶対に真似ができないのだということを立証する必要があったのだ。」（渡邊康彦訳）。

この指摘はまさに、神戸市の震災復興の課題に共通する。そして、都市計画の根本的なあり方にも関するものだ。

神戸市についても、さまざまな都市像が語られてきた。「ファッション都市」、「文化都市」、「国際都市」―国際という「意味」はつねに不明だったが―、震災後は「震災に強い都市」等々、市長選ごとに都市像が語られてきた。

もし、こうした神戸市の一連のスローガン宣言で継承すべきものがあるとすれば、何であろうか。わたしは、「国際港湾都市」が相応しいと思ってきたし、いまも強く思っている。この場合の「国際」は貿易港としての神戸経済のあり方そのものである。神戸港はいまも輸出入で中国・アジア諸国を中心として、世界と日本をつなぐ玄関口である。世界内外の原材料・中間材・完成品が神戸を通過する。神戸は、世界に開かれた国際港湾都市としてしか生きていけないだろう。

国際港湾都市の機能充実が、神戸の都市型産業の発展につながる可能性も高い。喫緊の課題は、神戸が物流の単なる通過点からレベルアップすることだ。つまり、神戸で神戸らしい付加価値が付け加わり、そのような商品やサービスを通過させていくことである。そこで、重要なのは神戸に何が入ってきているか、また、神戸は、日本の加工貿易上で、自らのポテンシャルをどの程度意識してきたか、である。

神戸を通過する輸入品についてみておくと、中国からは圧倒的に衣類・同付属品、履物、繊維品（衣料品を含む）、アジア諸国からは繊維品（衣料品を含む）、魚介・果実など食料品、米国からは無機化合物や穀物・大豆、欧州連合国からはたばこや医薬品である。当然ながら、こうした輸入品を神戸で保管する倉庫業、国内へと輸送する梱包や運送業など物流業従事者は多い。

ここで世界の港湾の現状や海上物流の動向をみておく必要がある。結論を先取りすれば、現状は日本の経済力の相対的低下を反映している。世界の港湾貨物量ランキング（トンベース）でみると、トップには上海やシンガポールに加え、中国広州、寧波、青島、大連などが並ぶ。韓国では釜山港が上位を占める。かつて上位二〇以内にあった千葉、名古屋、横浜などは下位グループへと後退した。興隆したシンガポールや釜山などは、トランシップ貨物の取扱量の多いハブ型の港湾都市である。他港からこうしたハブ港へと貨物が運ばれ、そこで積み替えられ他港へと再輸送されている。日本の港湾の競争力を高めるには、国内発着貨物だけではなく、トランシップ貨物量を増加させる必要がある。

アジアの主要港は、基幹航路を通じた便数を確保するが、現在、日本の港湾都市は減少傾向にある。上海、シンガポールや釜山が欧米向基幹航路数を維持しているなかで、日本の後退は顕著である。基幹航路便数の維持には、日本からの輸出量の確保が必要となる。でなければ、アジア他港を通じての輸出航路をとらざるを得なくなり、直接航路よりもトランシップによって、納期に余分な日数がかかる。

港湾設備の面でも、海上物流コスト低減のための船舶の大型化が一層進んだことで、現在は、大型船舶の入港が可能な一六メートル以上の水深の入港航路の確保と岸壁が必要となった。横浜港は最大深水が一八メートルであるが、他港の現状をみると、整備が遅れている。

また、コンテナターミナルの自動化も世界的に急速に進展した。国際基幹航路の拡大のために、横浜、川崎、神戸、大阪の港湾整備に集中的に資本投資を行う「国際コンテナ戦略港湾政策」(*)の下、大水深コンテナターミナルの機能強化、自動化技術のコンテナターミナル―AIターミナル―の整備が急がれてきた。こうした動きもあるが、この面でも日本の動きは遅い。そのほか、貨物だけではなく、クルーズ船の誘致も課題である。

＊国際コンテナ戦略港湾として神戸・大阪が阪神港として、東京・川崎・横浜が京浜港として選定された。阪神港の運営会社としては政府出資企業として阪神国際港湾株式会社、京浜港については横浜川崎国際港湾株式会社が設立された。

いずれにせよ、今後は、神戸港が単なる倉庫業、単なる物流業に留まることは困難だ。神戸港も付加価値の高い物流機能を追い求めざるを得ない。神戸港を通過するモノへの「＋（プラス）神戸」が重要である。神戸らしい加工貿易のあり方こそが神戸らしい産業の発展につながる。

また、神戸の後背地での農業生産物を加工や再加工する食料品分野の充実も、目指す必要がある。神戸ビーフや神戸ワインは別として、都市近郊農業は意外と神戸のイメージから抜け落ちている。同様に、漁業―海苔養殖や観光漁業を含む―も重要である。つまりは、神戸市の創造産業としての農水産業である。他の地域と同様に、農家世帯や漁業者の後継者難のなかで、どのような支援の枠組みをつくるのか。急がれる対応課題である。

3

「地球は神が創った。だが、オランダは人が創った。」これは、オランダ人が好む言い方である。欧州諸国から石を輸入し、低湿地に埋め立て、風車により排水を行い豊かな土地を築いたことの喩である。オランダを訪れた人ならわかるだろうが、車が走る道路より高いところを船舶が航行しているのをみると、実に不思議な感じをもつ。

さて、目を神戸に転じてみれば、神戸市には、明治維新以降、居留地の外縁部に発達した「ハイカラなまち」のイメージがある。だが、実は、源平時代からの兵庫という港に由来する、古くからの港まちでもあった。神戸の先人たちは、海と山が迫った狭い沖積低地を根気よく切り拓いてきた。氾濫を起す河を埋め立て、運河を作った。尖角三角州にかこまれた複雑な入江も巧みに利用した。それらをうまく港として利用してきた。近世以降、人びとの干拓によって、港や後背地がすこしずつ拡大した。神戸もまた、オランダと同じく人が創った土地である。

寒村とはいえ良港をもち、ある程度の人口が住んだ兵庫津は、外国船用の泊地となった。だが、外国人船員との紛争が危惧された。結果、旧生田川と湊川の間にある地を新たに居留地として開発した。開港後、貿易などが活発になり、居留地の山側に外国人の住宅が増え、居留地周辺には外国人相手の日本人商店なども増加した。やがて、この地を中心として、神戸は東西、そして南北に発展する。

南北への拡張に制約があった神戸は、東西の地域を統合しつつ、海岸には造船業や、貿易港のメリットを利用した輸出型地場産業を発達させた。注目すべきは、市街地の拡大に伴う土木工事に、市内の地主たちが組合をつくり、費用は自己負担で取り組んだ経緯である。

市域が東西に延長したあと、増加する人口に対応する居住地の拡大が必要となり、北方山麓地や臨海地域の開発が行われた。「山を削り海へ行く」土木開発は戦後ではなく、戦前から営々と行われてきたのだ。生田川河口の工場地帯も民間企業によって埋められた土地である。神戸市の公民相まっての開発主義は、開港以降、市経済の拡大とともに用地不足に悩まされ、海面埋め立てを運命づけられた結果である。

しかしながら、今後については環境意識の高まりから、港湾都市としての神戸市の将来性は、量的―面積的―拡大から質的拡大へといかにシフトしていくかにかかる。この質をどのようにとらえるかである。そこに、クリエイティブ・シティ神戸市の真の「クリエイティブィティ」が問われている。

考えてみれば、現在に生きるわたしたちは、前の世代とは異なる社会・経済環境の下に生きている。福沢諭吉の言葉に、「一身にして二生を経るが如し」（『文明論之概略』）とあるが、昭和を経て、平成の時代に多くのモノとコトが変わったのである。

ところで、生粋の神戸生まれの経済人の一人で、スーパーのダイエーを兄たちと立ち上げ、その後、コンベンション・シティ神戸に貢献し、常に新しい事業分野を開拓してレストランやホテルの分野で神戸経済を大きく発展させた中内力（一九三二～二〇一二）は、『中内力・自伝「選択」―すべては出会いから生まれた―』で、神戸経済の五〇年の歴史を自らの事業家としての歩みから振り返っている。中内は、最終章で阪神・淡路大震災からの復興体験を踏まえて、「バトンを託す」としてつぎのように述べている。

「私は新しい事業をやる時、まず初めに『その事業が社会的に意味があるか。需要と供給のバランスはどうか』を考えた。単純に「儲かるかどうか」ではない。「調査には時間とお金を惜しまない」方針にしていた。……事業は人間関係のネットワークの上に成り立っている。強くて大きなネットワークをつくることが事業成功の前提である。企業は社会的な存在である。地域社会に存在が認められ、お客さんにはより良いサービスを……」。

中内たちはそれまでの零細商店中心の商業に、革命的ともいうべき量販店の手法を持ち込み、日本の商業を神戸や大阪から大きく変え、造船の町・神戸をハイカラでオシャレなまちのイメージに創り上げ、飲食業や宿泊業のあり方も変えた。中内も、福沢と同様に、先の自伝の中で「一身にして二生を経るが如し」の意識の下で、次世代にバトンをつなぐとした。

その後の、神戸を取り巻く変化は、中内が身をおいた商業やサービス業のさらなる転換を迫っている。昭和の時代は、製造現場での省力化の時代であった。さらに、インターネット通信の発展によってIOT（Internet of Things）―「モノのインターネット」―の動きが加速しつつある。これは省力化というかたちでの生産性向上への動きでもある。『国勢調査』などでみても、製造現場で働く人は大きく減少した。

この動きが、消費の現場でも進んだのが平成の世ではなかったか。量販店も、インターネット販売の拡大によって、小さな商店以上に大きな影響を受けつつある。大規模開発による大型商業施設は、他の機能との複合化なしには存立しえなくなった。すべて、ネット上で事足りる時代になり、コロナ禍がこれをさらに加速させた感がある。コロナ禍が終息しても、変化した人の消費行動が元に戻る保証はない。

いまでは、実際に出かけなくとも「情報収集」ができ、映画館に出かけなくとも「鑑賞」ができ、友人に会わなくとも「会話」ができ、新聞や雑誌を現物で購入しなくともニュースサイトやメールマガジンで「閲覧」が可能になった。情報化やデジタル化は、人びとの消費行動の低コスト化―わざわざ時間と費用を費やして出かけなくとも―をもたらした。だが、実店舗をもつ商業経営の面では、一層のコストダウンが迫られることになる。

デジタル化とインターネット化が、企業と消費者双方に低コスト化を促しても、それが新たな産業の勃興や職種の多様化を通じて、人びとの所得向上や雇用の創出につながらなければ、確実に雇用削減につながる。

デジタルネットビジネスが既存の事業分野のパイを奪い、人びとのパイの争奪戦だけを加速させて、日本経済や地域経済のパイを拡大させていなければ、神戸経済の今後は厳しい。わたしたちは、あらためて、デジタルエコノミーの恩恵を生かせる社会づくりを目指す必要がある。神戸でも、試行錯誤を重ねながら、その成功モデルを創り上げる必要がある。

補論　デジタル経済の進展と都市経済

1

「情報化」という言葉が企業でも、役所でも、そして教育の場でも闊歩するようになって久しい。大学教育でも、「グローバル化」にくわえて、「情報化」への対応人材の養成という流れの下で、カリキュラムが語られるようになった。

正直にいって、実際には、「情報化」教育とはコンピュータ操作教育であることが多いのではないだろうか。それなら、「コンピュータ対応化」といえばよさそうなものだ。だが、パソコンとスマートフォンの普及によって、インターネット通信網が国内外に張りめぐらされ、情報化の内実が、ようやくはっきりしてきた。

情報化は「デジタル化」という言葉でいい換えたほうが、その本質がはっきりする。ここでいう「デジタル化」とは、デジタル・コンピューティング・テクノロジーである。あらゆる情報をデジタル化することによって、コンピュータで短期間・大量に情報を処理することが可能になった。コンピュータ間の通信によって情報の交換も即時に可能になる。このような環境整備の下で、製造業の空洞化―アジアへの直接投資拡大―が進行し、金融サービス業もデジタル化と連動した。デジタル化の流れは、「デジタル経済」とか、「ニューエコノミー」などと呼ばれるようになった。

米国産業（製造業）の空洞化がすすんだレーガン政権（一九八一～八九年）とジョージ・ブッシュ（父）政権（一九八九～一九九三年）の時代、米国の脱製造業を支える新産業として、金融サービス業と並んで、情報通信関連産業の興隆へ期待がかけられた。それまでは軍事用ネットワーク・システムであったインターネットの商用化が、カリフォルニア州などを中心とする情報通信分野のベンチャー企業の急成長―ITバブル―を促したことも大きかった。クリントン大統領―一九九三年～二〇〇一年―が、「デジタルエコノミー振興」を打ち出したのも、こうした背景からであった。とはいえ、ITバブルの崩壊によって、デジタルエコノミー論は以前ほどには主張されなくなった。これはデジタルエコノミーの終焉ではなく、むしろ定着の傍証でもあった。

デジタルエコノミーの実物経済に及ぼす影響は、供給面においては、ソフトウェア・プログラムの波及が典型であるが、その複製費用＝限界費用はほぼゼロ近い。例えば、自動車や家電製品の複製＝追加生産にはかなりの費用がかかるが、ソフトウェアの複製はかかったとしても電気料金のみで無視しうる程度である。両者には、製品の収益性で大きな差異がある。産業的特性でみても、ソフトウェアの生産には、加工組立製品のような関連部分・加工企業のすそ野産業を必要とはしない。

他方、需要面では、消費者の行動にともなう発生費用をかなり引き下げることになった。従来の商品の購入過程では、実際に交通手段を使って売場へ出かけ、場合により、さらに移動して数店回って、品質や価格をチェックして購入するのが通常であった。いまでは、こうした購入プロセスはバーチャルに経験できる。商品を検索して、いろいろなサイトで価格や品質情報をチェックし、タブレット端末やスマホから簡単にワンクリックで購入する。比ゆ的にいえば、「動く消費」から「動かない消費」へと、消費者行動が大きく変化してきた。とりわけ、コロナ禍の下では、そうだった。

結果、これまで人が動くことで派生したさまざまな関連実需が縮小した。例えば、動かなければ交通サービスの利用は減少する。ネット販売＝無店舗販売の拡大は、販売にかかわってきた雇用の規模を確実に縮小させてきた。

では、デジタルエコノミーの波及効果を、単に情報通信分野のハード・ソフト面双方の開発投資や雇用創出の面だけではなく、その間接的な面も含めたプラス・マイナスの総計でどう評価するかである。日本の『国勢調査』や各国の同種の調査から浮かび上がるのは、情報通信分野―ソフトウェアプログラマー、情報処理・通信技術者―で雇用の増加をみる一方で、既存分野―運輸・通信、販売、各種事業所サービスなど―で雇用の減少が見られることである。(*)

＊デジタルエコノミーは、一般に情報機器の製造とソフトウェア、通信分野のインフラと、これを利用した検索、オークション、SNS、シェアリングサービスのプラットフォーム、電子決済、クラウドサービスのデジタル・ソリューション分野、ゲーム、情報、メディアなどのデジタル・コンテンツ分野、ネット販売や旅行ブッキングなど電子商取引分野から

構成される。

そこには、デジタルエコノミーのもつある種のパラドクスがある。たしかに、デジタル経済化は、消費者の利便性―検索アプリ等による時間節約―を拡大させ、消費者余剰を生み出す。ネットビジネス上のプラットフォーマー巨人となったアマゾン、楽天、アリババによる既存分野への創造的破壊力も大きかった。しかし、さらに、人口知能（ＡＩ）がそこに加わることによって、消費者余剰が雇用面へ必ずしもプラス効果を及ぼさなくなった。良いことばかりではない。データのセキュリティの課題も大きくなっている。わたしたちは、デジタルエコノミーの中短期的波及効果が、かつての産業革命がすぐにではなく、その後に関連技術の発展や新たな産業を生み出したように、長期的にどのような社会、経済、産業を生み出すのかに無関心ではいられない。

2　デジタルエコノミーは、都市経済へどのような影響を及ぼしつつあるのだろうか。都市インフラの面については、交通や通信などの制御面でのスマートシティ構想(*)が示唆するように、情報通信技術を利用した効率的な運営が可能になる側面もあろう。他方、経済活動においては、需要者＝消費者と供給者との間に必ずしも同様の利害が形成されているわけではない。経済のデジタル化は、一方で時間（タイム）と空間（スペース）を、タイムフリー・スペースフリーにさせる特徴をもつ。また、これまでの複製や追加生産・サービスの限界費用の構造を大きく変えた。

＊一般に、都市の抱える諸問題を、情報通信技術を応用して、より効率的に解決―マネジメント―し、「全体最適化」を達成し、持続可能な都市を実現する構想である。具体的には、スマートツールとしてのＩＯＴ（モノのインターネット）や

ＡＩ（人口知能）にくわえ、ビッグデータの収集・活用を通じて、交通、観光、防災、医療、健康、エネルギー供給、環境保全などをより包括的・効率的に最適化することを、目標とする。

国土交通省の構想によれば、通信ネットワーク、センサー技術、データ処理のプラットフォーム化、自動運転などをうまく組み合わせることが重視されている。米国ではニューヨーク市、欧州ではオランダのアムステルダム市、中国やシンガポールなどでも実験的取り組みが進んでいる。エネルギーに関しては、市民へのスマートメーターの導入、カーシェアリングや自動運転、渋滞解消のためのデータ提供や信号制御等々がある。いずれにしても、政府や自治体だけの取り組みでは限界があり、民間企業や消費者・住民との協力関係が大きな前提となる。

デジタル化効果は消費者側にも生産者側にも及ぶが、その軽重は異なる。果たして、経済のデジタル化は、タイムフリー・スペースフリーを可能にすることによって、経済成長を押し上げるのかどうか。つぎつぎと登場する新たな情報通信技術は、かつての蒸気機関や電力のようなエネルギー・動力革命以上の革命であるのかどうか。たとえば、無料の検索サイトや無料サービスアプリの提供によって、これまで有料だったサービスが無料になる。しかし、それは、現行のＧＤＰ統計にはそのまま反映されない。

経済のデジタル化は確かに人の活動を時間と空間から自由にする。他方で、その余剰時間をどのような活動に使うのかによって、情報通信技術の先に想定されているイノベーションの内実も変わる。たとえば、インターネットを利用するシェアリングエコノミーの事例とされたＵｂｅｒなども、従来とは異なる輸送業を起こしたという訳ではない。予約アプリや検索アプリによって、消費者をタイムフリーにしたものの、それは手段の変化であって、まったく新しい産業を興隆させたかは別である。

しかし、このような手段の普及によって、それまでの定型業務―アナログ的な仕事―を減少させることは確実である。労働市場においては、定型業務が正規雇用から非正規雇用へと移転したが、さらに今後は、定型業務に従事してきた非正規雇用者を減少させる可能性もある。

また、経済のデジタル化は、多国籍企業あるいは越境的巨大企業に象徴されるように、技術蓄積の高い地域で研究開発を行い、労働力の安価な地域で加工組立を行い、消費地に近い地域でマーケティングと販売を行い、低税率の地域で申告し、インフラの質量に優れた地域で管理業務を行うなどを可能にさせてきた。こうした多地域にわたる効率的な経済活動が可能になったのは、情報通信技術の発展による。

スペースフリーの時代にあって、地域経済の振興はどうあるべきか。これは、神戸市経済にとっても大きな課題である。重要なのは、スペースフリーの時代の下でも、生産やサービスの提供において、神戸を通過させることである。それには、神戸市に立地する企業の研究開発能力の向上が不可欠である。しかし、現実には、都市間の競争は厳しい。

デジタル産業分野に分類される情報通信機器の製造、ソフトウェア産業、デジタルメディア・コンテンツ産業を吸引するのは、神戸市のもつ学術研究機関に加え、高度専門人材の集積度である。今後、そうした面で東京など首都圏との役割分担が可能であるのかどうか。神戸の重要な取り組み課題の一つである。

また、地域経済圏という考え方も再考を迫られている。デジタル経済は、従来とは異なるバーチャル・デジタル経済圏を成立させてきた。従来であれば、人は移動または、移住しなければ、他の経済圏へのアクセスが困難であった。だが、リアルに場を変えなくても、即時にいくつものデジタル経済圏に属することが可能になってきた。

デジタル経済圏は、確実に現実空間での企業の立地上の優位や劣位の境界線を曖昧化させる。なにも都市に居住し、事業場を設けなくともよい。人びとをリモートで結ぶことで、企業の空間活用のあり方が変わる。

今後、現実空間としての都市は、デジタル空間＝バーチャル圏とどう向き合うべきなのか。都市政策のあり方も変わらざるをえない。

本書で神戸市経済の今後のあるべき方向性として、高度国際港湾都市としての神戸の再興が必要であると主張した。その根拠は、物流機能は今後もバーチャルではなく、リアルな空間を必要とする産業であること、そして、それは経済のデジタル化のメリットを最大限に活かし得る産業特性をもつことにある。(*)

＊デジタル化はそれまでの定型的な仕事を代替し、製造業や商業での関連雇用を縮小させてきた一方で、物流業では雇用の拡大が見られた。背景に、配送の小口化や多頻度化によって人海戦術が展開してきたことがある。しかし、今後、このような課題の解決にも、デジタル化の応用が進んでいくに違いない。物流倉庫や配送のデータ共有・分析による企業間の共同化によって、配送頻度などは制御されやすくなる。Ｕｂｅｒのような輸送業務のシェアリングも出始めてきた。物流を中心としたサプライチェインへのデジタル技術の応用によって、従来のような商品を大型倉庫に集約し、そこから小口配送するようなハブ・アンド・スポーク型配送システムも変わる。必然、港湾機能もこうした変化に適応せざるを得なくなる。

ＡＩ機能をもつ物流機器やシステムへの投資によって、ますます、物流機能のデジタル化にも拍車がかかるだろう。神戸市もまたそのように港湾機能を高度化させた港湾都市を目指さざるを得ないだろう。

あとがき

中国の詩人陶淵明（三六五〜四二七）は、わたしの大好きな詩人である。

彼は、最初から職業詩人であったわけではない。生活のために、いやいや役人になった。だが、官職が肌に合わず、三か月もせずに辞職。かの有名な「帰去来辞」は官職を離れ、故郷（田園）に帰る心境をつづったものである。陶淵明を知らない人でも、「帰去来辞」の一節「帰りなんいざ、田園……」をどこかで聞いた覚えがあろう。

この続きがある。「田園将（まさ）に蕪（あ）れんとす、胡（なん）ぞ帰らざる」。これは、私の心境でもあった。

名古屋の大学勤務が長く、故郷の神戸と行ったり来たりの生活を送った。神戸を離れている間に、そろそろ退職が近づき、神戸の現状に興味と関心を取り戻した。神戸はまさに手入れを怠った庭のように、荒れ放題になりつつある。そのように感じた。東京に住む息子たちも、帰省のたびに神戸に沈滞ムード、さらには衰退ムードを感じるという。これは神戸に生まれ育った者には、聞き捨てならない。「なぜ、私は帰らないのか、いまこそ帰る時期ではないか」。

わたし自身は、他地域や米国・北欧の地域経済を分析し、その分析結果を何冊かの本にもしてきた。(*) ところが、肝心の故郷を分析してこなかった。振り返ってみれば、本書でも言及した宮本憲一先生から、学生時代に「地域経済論」を習った。あれから四〇年以上が経過したが、宮本先生が熱心に取り組んでいた当時の公害問題の解決や、大阪市長を務めた関一の「都市経営」論―都市を「経営」するという視点は新鮮であった―、経済と市民生活を両立させるような「都市政策」論などは、時代を先取りしていた感がある。

＊たとえば、寺岡寛『比較経済社会学―フィンランドモデルと日本モデル―』信山社（二〇〇六年）、同『アレンタウン物語―地域と産業の興亡史―』信山社（二〇一〇年）。

これまで米国経済や北欧経済、ドイツ経済での地域問題などについて、研究する機会が多かったが、どこかで自らの足元の地域への視座を失えば、根無し草のような取り組みになるように思っている。そのような思いをいつも意識できたのは、宮本先生の講義からうけた刺激のおかげであったろう。若いころの勉強は無駄にならないものだ。そうした思いもあって、神戸の分析に取り組もうとずっと思っていて、いまに至ってしまった。これが本書の執筆動機のすべてである。

また、わたしの思いを後押しした出来事もあった。

一〇年以上前であろうか。現職政治家や元野党指導者などが出席した講演会に講師として呼ばれたことがあった。財務大臣経験者の財政家で、大物政治家の国家財政についての講演のあとが、わたしの出番であった。わたしに与えられたテーマは「地域経済と地域中小企業の振興」であった。その準備のために、日本の当時の地方財政を調べてみた。当然ながら、地方産業と地方財政は連動していた。とりわけ、関西の地方自治体の財政状況が良くないことも認識した。神戸市財政もまたそうであった。まことに呑気なはなしだが、遅ればせながら、神戸市の苦境を知った。

「帰去来辞」は「帰りなんいざ……」の一節だけではない。結構長い漢詩である。このあとにも、陶淵明の思いは綴られた。「帰りなんいざ、請ふ交りを息（や）めて以て游（いう）を絶たたん。世と我と相ひ遺

（つかわ）する……」陶淵明が官職を離れたのは、いまでいえばコミュニケーション能力の不足のためであったろう。陶淵明は、人付き合いが下手だったに違いない。

この一節は、陶淵明の性格の傍証みたいなものだ。「さあ故郷に戻ろう。でも、帰っても偉い人との交際なんぞはまっぴらごめんだ。世間とわたしは互いに付き合いなしで行こうよ……」というわけだ。陶淵明が社交家だったら、役所をすぐに辞めたりせず、定年満期退職組となったはずだ。わたしはそこまで人付き合いが苦手とは思わない。しかし、生まれ故郷の神戸はやっぱり良くなってもらわなければならない。そのように強く思う。そんな世間＝神戸のことへも、無関心でもいられない。それゆえ、「帰りなんいざ……」である。

神戸論を何とか書き終えた。正直な感想は、はしがきで紹介した室生犀星の詩の一節にもどってしまう。神戸とは不思議なところだ。神戸市民は「神戸」に故郷として愛着を抱くが、「神戸市」にはどうであろうか。神戸市とは近くにあっても、遠きにありて思うものであり、そして悲しくうたうものであり、帰るところにあるまじや、なのかもしれない。神戸市と神戸市民との間にある距離感は大きい。孤高にそびえる神戸市役所の高層ビルは、神戸を見下ろす。神戸市民は神戸市に親近感をもてないのではないか。

本書をまとめるにあたっては、神戸市在住の研究者や関係者から、できるだけ生の声を多く聞くことを心掛けた。それでも限界があった。資料については、神戸市公文書館の関係者や神戸市立中央図書館にもお世話になった。

なお、本書は中京大学経営学部研究双書の一冊として刊行される。信山社の渡辺左近氏には、出版までのこまごまとしたことにお世話をかけた。関係者に心から、お礼を申し上げたい。

二〇二一年一一月

寺岡　寛

神戸市関連年表

＊本書に関連のある事項を中心としている。

慶応 三［一八六八］年 兵庫港開港、兵庫県知事に伊藤博文、居留地工事竣工
明治 元［一八六八］年 神戸運上所業務開始
五［一八七二］年 鈴木商店開店、神戸港新聞創刊、湊川神社造営
六［一八七三］年 工部省、兵庫造船所設立、兵庫県庁神戸山手へ新築移転
八［一八七五］年 兵庫県会開催
一一［一八七八］年 神戸商業会議所設立
一二［一八七九］年 郡区町村編成法の実施により兵庫・神戸と坂本村は神戸区となる
一四［一八八一］年 川崎正蔵、川崎兵庫造船所を開設
一七［一八八四］年 「神戸又新日報」創刊
一八［一八八五］年 神戸茶業組合設立
一九［一八八六］年 川崎正蔵、兵庫造船所の払い下げ
二〇［一八八七］年 神戸燐寸同業組合設立、生糸問屋神栄会社設立（現神栄）
二一［一八八八］年 山陽鉄道会社設立（兵庫～明石）
二二［一八八九］年 神戸区、荒田区、葺合区が合併され、神戸市政実施、東海道線開通（新橋～神戸）、兼松房治郎商店開店（現兼松）
二六［一八九三］年 日本郵船（神戸～ムンバイ）

二七［一八九四］年　山陽鉄道（神戸〜広島）

二九［一八九六］年　神戸生糸検査所設立、川崎造船所設立、兵庫運河起工

三〇［一八九七］年　神戸で上水道起工

三一［一八九八］年　「神戸新聞」創刊

三二［一八九九］年　居留地返還

三三［一九〇〇］年　十合百貨店、神戸に進出

三五［一九〇二］年　鈴木商店、小野浜樟脳所設立

三六［一九〇三］年　神戸高等商業学校設立（現神戸大学）、六甲山に日本初のゴルフ場

三八［一九〇五］年　阪神電鉄（三宮〜大阪）

三九［一九〇六］年　山陽電車国有化、板東調帯設立（現バンドー化学）、上組設立

四〇［一九〇七］年　神戸港築港開始

四二［一九〇九］年　ダンロップ護謨会社設立（現住友ゴム）

四四［一九一一］年　鈴木商店より神戸製鋼所独立

大正　元［一九一二］年　川崎造船所、ガントリークレーン完成

三［一九一四］年　神戸市人口、五〇万人を超える、第一次世界大戦勃発、友愛会神戸分会結成以後、船会社設立ブーム

六［一九一七］年　神戸港貿易額日本トップとなる、神戸岡崎銀行設立（現三井住友銀行の前身）

七［一九一八］年　神戸高等商船学校設立、米騒動、鈴木商店など焼き討ち

八［一九一九］年　川崎造船所で職工サボタージュ、川崎汽船設立、三ツ星紹介調帯製造所設立（現三ツ星ベルト）

九〔一九二〇〕年　須磨町が神戸市に合併、普選要求大示威運動
一〇〔一九二一〕年　川崎・三菱大争議

昭和
二〔一九二七〕年　鈴木商店倒産
三〔一九二八〕年　川崎造船兵庫工場から川崎車両が独立
四〔一九二九〕年　世界大恐慌、六甲村・西灘村・西郷村の神戸市編入
五〔一九三〇〕年　神戸市営バスの運転開始
六〔一九三一〕年　神戸港貿易額激減、神戸市区制実施、モロゾフ製菓設立、満州事変
九〔一九三四〕年　日本ゴム輸出組合設立、室戸台風被害
一二〔一九三七〕年　日中戦争勃発
一三〔一九三八〕年　阪神大水害
一四〔一九三九〕年　神戸市人口一〇〇万人を突破
一六〔一九四一〕年　垂水町の神戸市編入、太平洋戦争勃発
二〇〔一九四五〕年　神戸大空襲、神戸貿易協会設立、
神戸市立外事専門学校開校（現神戸市外国語大学）
二二〔一九四七〕年　有馬町・山田町・有野村・神出村・伊川谷村・櫨谷村・押部谷村・玉津村・平野村・岩岡村が神戸市に編入、公選初代市長に小寺謙吉
二三〔一九四八〕年　三宮センター街完成
二四〔一九四九〕年　原口忠次郎市長就任
二五〔一九五〇〕年　川崎重工から川崎製鉄独立、朝鮮戦争勃発
御影町・住吉町・魚崎町が東灘区へ、本山村・本庄町が神戸市に合併、

二六〔一九五一〕年　神戸博（日本貿易産業博覧会）開催
三一〔一九五六〕年　神戸市立南蛮美術館開館
三三〔一九五八〕年　政令指定都市となる
四〇〔一九六五〕年　主婦の店ダイエーの三宮進出、（新）三菱重工の本社東京へ移転
四四〔一九六九〕年　さんちかタウン完成、神戸デパート完成
四六〔一九七　〕年　川崎重工業、川崎航空機、川崎車両が合併し、川崎重工へ
四八〔一九七三〕年　神戸市電の全線廃止
五二〔一九七七〕年　神戸ファッション都市宣言
五四〔一九七九〕年　異人館ブーム
五六〔一九八一〕年　西神工業団地第一期分譲企業決定、北野異人館街の伝統的建築物保存地区指定
五八〔一九八三〕年　ポートピア（神戸博）開催
五九〔一九八四〕年　神戸経済同友会答申「明日をひらく先端国際都市」
六〇〔一九八五〕年　農業公園開園、神戸ワイン販売
平成
三〔一九九一〕年　ユニバーシアード神戸大会開催
四〔一九九二〕年　神戸ファッションマートのオープン
七〔一九九五〕年　神戸ハーバーランド街、神戸市人口が一五〇万人を超える
九〔一九九七〕年　阪神・淡路大震災
一一〔一九九九〕年　神戸ファッション美術館開館
一八〔二〇〇六〕年　神戸医療産業都市構想研究会設立
神戸二〇一〇ビジョン「豊かさ創造都市こうべ」策定、神戸空港開港

二〇［二〇〇八］年　神戸市、新長田地区の中心市街地活性化基本計画策定、ユネスコデザイン都市に認定

二三［二〇一一］年　東日本大震災、神戸市の関西イノベーション国際戦略特区指定

二四［二〇一二］年　スーパーコンピュータ「京」の共用開始

二七［二〇一五］年　神戸医療産業都市の入居企業・団体が三〇〇となる

二八［二〇一六］年　神戸スタートアップオフィス開設、「神戸二〇二〇ビジョン」策定

二九［二〇一七］年　神戸開港一五〇周年、市営交通一〇〇周年、須磨海浜水族館開業六〇周年、こうべっこランド会館三〇周年、「神戸市人と猫との共生に関する条例」

三〇［二〇一八］年　神戸開港一五〇周年記念事業、六甲山再生委員会、六甲アイランドまちびらき三〇周年、公益財団法人神戸医療産業都市推進機構、神戸医療産業都市二〇周年、神戸空港のコンセッション事業開始

令和　元［二〇一九］年　一般社団法人神戸港湾協会が神戸観光局港湾振興部へ改変、神戸空港の規制緩和

二［二〇二〇］年　神戸市デジタル化専門家の採用、新長田駅南地区震災復興計画第二種市街地再開発事業の検証、市立小学校ハラスメントの懲戒処分

三［二〇二一］年　北神急行線の市営化、兵庫県等に新型コロナ感染による緊急事態宣言
「神戸消費生活安心プラン二〇二五」、「神戸市男女共同参画計画」、生活福祉資金「新型コロナウィルス特例貸付」受付期間延長、「こうべの市民福祉総合計画二〇二五」、「神戸市介護保険事業計画・神戸市高齢者保健福祉計画」
神戸市新型コロナワクチン接種コールセンターの開設、神戸市交通事業「経営計画二〇二五」策定、ＪＲ三宮駅周辺再開発、神戸市長・西日本旅客鉄道株式会社・都市再生機構の

記者会見、神戸市長選、久元市政三期目へ

参考文献

日本語文献

【あ行】

明石芳彦『進化するアメリカ産業と地域の盛衰』お茶の水書房、二〇一九年
家中茂・藤井正・小野達也・山下博樹編『新版・地域政策入門』ミネルヴァ書房、二〇一九年
池田清『神戸都市財政の研究―都市間競争と都市経営の財政問題―』学文社、一九九七年
同『神戸　近代都市の過去・現在・未来―災害と人口減少都市から持続可能な幸福都市へ―』社会評論社、二〇一九年
今井修平他編『兵庫県の歴史』山川出版社、二〇〇四年
植田和弘『都市とは何か』（『岩波講座・都市の再生を考える』第一巻）岩波書店、二〇〇五年
宇野史郎『まちづくりによる地域流通の再生』中央経済社、二〇一二年
大石久和『国土と日本人―災害大国の生き方―』中央公論新社、二〇一二年
大海一雄『須磨ニュータウン物語』神戸新聞総合出版センター、二〇一二年
太田修治・中島克己『神戸都市学を考える―学際的アプローチ―』ミネルヴァ書房、二〇〇二年
大森光則『神戸市都市経営はまちがっていたのか―市職員にも言い分がある―』神戸新聞総合出版センター、二〇〇一年
岡部孝好『神戸高商と神戸商大の会計学徒たち―その苦闘と栄光―』神戸新聞総合出版センター、二〇一七年

【か行】

神谷秀之・桜井誠一『自治体連携と受援力―もう国に依存できない―』公人の友社、二〇一三年
川島智生『近代神戸の小学校建築史』関西学院大学出版会、二〇一九年
橘川武郎・連合総合生活開発研究所編『地域からの経済再生―産業集積・イノベーション・雇用創出―』有斐閣、二〇〇五年
神戸から顔の見える経済をつくる会『ローカルエコノミーのつくり方―ミッドサイズの都市から変わる仕事と経済のしくみ―』学芸出版社、二〇一九年
（財）神戸市都市問題研究所『都市政策』各年版
神戸市教育研究所『大神戸』神戸市教育研究所、一九五四年
神戸新聞総合出版センター編『神戸学』神戸新聞総合出版センター、二〇〇六年
神戸小学校学童疎開追想編集委員会編『学童疎開追想』一九九五年
後藤和子『文化と都市の公共政策―創造的産業と新しい都市政策の構想―』有斐閣、二〇〇五年
小長谷一之『都市経済再生のまちづくり』古今書院、二〇〇五年
小林進『コミュニティ・アートマネジメント―いかに地域文化を創造するか―』中央法規出版、一九九八年

【さ行】

佐々木雅幸『創造都市への挑戦―産業と文化の息づく街へ―』岩波書店、二〇一二年
佐藤信・吉田伸之編『都市社会史』山川出版社、二〇〇一年
ジェイコブズ、ジェイン（中村達也訳）『発展する地域、衰退する地域―地域が自立するための経済学―』筑摩書房、二〇一二年
ジップ、サミュエル・シュテリング、ネイサン編『ジェイン・ジェイコブズ都市論集―都市の計画・経済論とその思想―』（宮崎洋司訳）鹿島出版会、二〇一八年

司馬遼太郎『司馬遼太郎追悼集―ここに神戸がある―』月刊神戸っ子、一九九九年
同『神戸・横浜散歩、芸備の道』朝日新聞社、一九八八年
市民がつくる神戸市白書委員会『神戸黒書―阪神大震災と神戸市政―』労働旬報社、一九九六年
下平尾勲『構造改革下の地域振興―まちおこしと地場産業―』藤原書店、二〇〇一年
白井道也『明日の地方都市―手早く安上がりに快適な町をつくる方法―』メディア・ポート、二〇〇八年
神野直彦・小西砂千夫『日本の地方財政』有斐閣、二〇一四年
杉山祐子・山口恵子『地方都市とローカリティ―弘前・仕事・近代化―』弘前大学出版会、二〇一六年
ゼロゼロ（石原薫訳）『シビックエコノミー―世界に学ぶ小さな経済のつくり方―』フィルムアート社、二〇一四年
曽我謙悟『日本の地方政府―一七〇〇自治体の実態と課題―』中央公論新社、二〇一九年

【た行】

高崎経済大学付属産業研究所編『群馬からみた都市型産業と中小企業のニューパラダイム』日本経済評論社、一九九〇年
高橋勇悦監修『改訂版・二一世紀の都市社会学』学文社、二〇一三年
高寄昇三『宮崎市政の研究』第一巻～第四巻（財団法人神戸都市問題研究所）、勁草書房、一九九二年～一九九三年
竹本昌史『地方創生まちづくり大事典―地方の未来、日本の未来―』国書刊行会、二〇一六年
建物のコンバージョンによる都市空間有効活用技術研究会編『コンバージョンが都市を再生する、地域を変える―海外の実績と日本での可能性―』日刊建設通信新聞社、二〇〇四年
田中保三『五五歳から「まち」の「人」』苦楽堂、二〇二一年
田村明『まちづくりと景観』岩波書店、二〇〇五年
辻村明『地方都市の風格―歴史社会学の試み―』東京創元社、二〇〇一年

富野暉一郎『地方政府・地方主権のすすめ』三一書房、一九九四年

【な行】

仲修平『岐路に立つ自営業─専門職の拡大と行方─』勁草書房、二〇一八年
中野茂夫『企業城下町の都市計画─野田・倉敷・日立の企業戦略─』筑波大学出版会、二〇〇九年
中村良夫『都市をつくる風景─「場所」と「身体」をつなぐもの─』藤原書店、二〇一〇年
中村良平『まちづくり構造改革─地域経済構造をデザインする─』日本加除出版、二〇一六年
野田邦弘『文化政策の展開─アーツ・マネジメントと創造都市─』学芸出版社、二〇一四年
野村和宣『生まれ変わる歴史的建造物─都市再生の中で価値ある建造物を継承する手法─』日刊工業新聞社、二〇一四年

【は行】

ハーヴェイ、デヴィッド（森田成也・大家定晴・中村好孝・新井大輔訳）『氾濫する都市─資本のアーバナイゼーションと都市の再創造─』作品社、二〇一三年
原武史『団地の空間政治学』NHK出版、二〇一二年
原口忠次郎『過密都市への挑戦─ある大都市への記録─』日本経済新聞社、一九六八年
原口忠次郎の横顔刊行会『原口忠次郎の横顔』中央公論事業出版、一九六六年
韓（ハン）載香『「在日企業」の産業経済史─その社会的基盤とダイナミズム─』名古屋大学出版会、二〇一〇年
樋口美雄・S・ジ゛ゲール・労働政策研究・研修機構編『地域の雇用戦略─七か国の経験に学ぶ地方の取り組み─』日本経済新聞社、二〇〇五年
久元喜造・増田寛也『持続可能な大都市経営─神戸市の挑戦─』ぎょうせい、二〇一七年
菱田信也『芝居小屋戦記─神戸三宮シアター・エートーの奇跡と軌跡─』苦楽堂、二〇二〇年

平岡和久編『新しい時代の地方自治像と財政—内発的発展の地方財政論—』自治体研究社、二〇一四年
平田オリザ『芸術立国論』翔泳社、二〇〇一年
広井良典『コミュニティを問い直す—つながり・都市・日本社会の未来—』筑摩書房、二〇〇九年
広川禎秀編『近代大阪の行政・社会・経済』青木書店、一九九八年
広原盛明・高田光雄・角野幸博・成田孝三『都心・まちなか・郊外の共生—京阪神大都市圏の将来—』晃洋書房、二〇一〇年
桧山邦祐『三ツ星ベルト五〇年史』三ツ星ベルト株式会社、一九六九年
ファミリア二五年のあゆみ企画委員会（博報堂編集）『ファミリア二五年のあゆみ』株式会社ファミリア、一九七五年
同『ファミリア五〇年のあゆみ』株式会社ファミリア、二〇〇〇年
藤野一夫編『公共文化施設の公共性—運営・連携・哲学—』水曜社、二〇一一年
藤本篤・前田豊邦・馬田綾子・堀田暁生編『大阪府の歴史』山川出版社、一九九六年
藤本建夫『何が地方都市再生を阻むのか—ポートピア八一、阪神・淡路大震災、経済復興政策—』晃洋書房、二〇一〇年
フリント、アンソニー（渡邊泰彦訳）『ジェイコブズ対モーゼス—ニューヨーク都市計画をめぐる闘い—』鹿島出版会、二〇一一年
フロリダ、リチャード（井口典夫訳）『クリエイティブ資本論—新たな経済階級の台頭—』ダイヤモンド社、二〇〇八年
同『クリエイティブ都市論—創造性は居心地のよい場所を求める—』ダイヤモンド社、二〇〇九年
同『新クリエイティブ資本論—才能が経済と都市の主役となる—』ダイヤモンド社、二〇一四年

ホロビッツ、アービング（青井和夫・本間康平監訳）『ライト・ミルズ権力・政治・民衆』みすず書房、一九七一年
本間義人『土木国家の思想―都市論の系譜―』日本経済評論社、一九九六年
【ま行】
前島雅光・蓮池義治・中山正太郎『兵庫県の百年』山川出版社、一九八九年
松下圭一『自治体は変わるか』岩波書店、一九九九年
松原隆一郎『頼介伝』苦楽堂、二〇一八年
松村秀一編『建築再生の進め方―ストック時代の建築学入門―』市ヶ谷出版社、二〇〇七年
馬渕勝『風格の地方都市』慈学社出版、二〇一五年
マンフォード、ルイス（生田勉訳）『都市の文化（新版）』鹿島出版会、一九七四年
宮崎辰雄『市民都市の創造』勁草書房、一九七三年
同『都市の経営―市長に何ができるか―』日本経済新聞社、一九七九年
宮本憲一・平田康・竹山清明『市民が文化をつくる文化のまち・神戸』労働旬報社、一九九三年
宮本常一『日本の中央と地方』（『宮本常一著作集』第二巻）未来社、一九六七年
三輪秀興『神戸―そのまちの近代と市街地形成―』財団法人神戸市都市整備公社こうべまちづくりセンター、二〇一〇年
村上しほり『神戸闇市からの復興―占領下にせめぎあう都市空間―』慶應義塾出版会、二〇一八年
村上亨・柳川隆・小澤太郎編『成長幻想からの決別―平成の検証と令和への展望―』勁草書房、二〇二〇年
持田信樹『地方財政論』東京大学出版会、二〇一三年
【や行】
矢田立郎『衆知を活かす―明日の神戸のまちづくり―』神戸新聞社総合出版センター、二〇〇八年

同『道を切り拓く』神戸新聞総合出版センター、二〇一五年
矢作弘『縮小都市の挑戦』岩波書店、二〇一四年
藪野祐三『ローカル・デモクラシーII―公共という政治的仕組み―』法律文化社、二〇〇五年
山川泰治『ワールド急成長の軌跡―畑崎広敏の人と経営―』商業界、一九八三年
山崎隆之『地域経済分析ハンドブック―静岡モデルから学ぶ地方再生―』晃洋書房、二〇一六年
山崎充『豊かな地方づくりを目指して』中央公論社、一九九一年
山本義隆『近代日本一五〇年―科学技術総力戦体制の破綻―』岩波書店、二〇一九年
米田博『海運近代化と造船』成山堂書店、一九九三年
寄本勝美『政策の形成と市民―容器包装リサイクル法の制定過程―』有斐閣、一九九八年

【ら行】

流通科学大学編『中内功回想録』流通科学大学、二〇〇六年

【わ行】

渡邊泰彦『評伝ロバート・モーゼス―世界都市ニューヨークの創造主―』鹿島出版会、二〇一八年
和田幹司『グレーター真野のたから―東尻池周辺の近代産業史―』友月書房、二〇一一年

英語文献

Putnam, Robert, D., *Bowling Alone: The Collapse and Revival of American Community*, Simond & Schuster, 2000.
—*Our Kids: The American Dream in Crisis*, Simon and Schuster, 2015.
Shuman, Michael, *Local Dollars, Local Sense: How to Shift Your Money from Wall Street to Main Street and Achieve Real Prosperity*, Chelsea Green Publishing Company, 2012.

—*The Local Economy Solution:How Innovative, Self-Financing "Pollinator" Enterprises Can Grow Jobs and Prospetrity*, Chelea Green Publishing, 2015.

U, Elizabeth,Rasing Dough:*The Complete Guide to Financing a Socially Responsible Food Business*, Chelisea Green Publshing, 2013.

Jacobs,Jane, *The Death and Life of Great American Cities*, Random House, 1961.

—*Cities and The Wealth of Nations: principles of Economic Life*, Random House, 1985

【著者紹介】

寺岡　寛（てらおか・ひろし）

1951年神戸市生まれ
中京大学経営学部教授、経済学博士（京都大学）

〈主著〉

『アメリカの中小企業政策』信山社（1990年)、『アメリカ中小企業論』信山社（1994年、増補版、1997年)、『中小企業論』（共著）八千代出版（1996年)、『日本の中小企業政策』有斐閣（1997年)、『日本型中小企業』信山社（1998年)、『日本経済の歩みとかたち』信山社（1999年)、『中小企業政策の日本的構図』有斐閣（2000年)、『中小企業と政策構想』信山社（2001年)、『日本の政策構想』信山社（2002年)、『中小企業の社会学』信山社（2002年)、『スモールビジネスの経営学』信山社（2003年)、『中小企業政策論』信山社（2003年)、『企業と政策』（共著）ミネルヴァ書房（2003年)、『アメリカ経済論』（共著）ミネルヴァ書房（2004年)、『通史日本経済学』信山社（2004年)、『中小企業の政策学』信山社（2005年)、『比較経済社会学』信山社（2006年)、『起業教育論』信山社（2007年)、『スモールビジネスの技術学』信山社（2007年)、『逆説の経営学』税務経理協会（2007年)、『資本と時間』信山社（2007年)、『経営学の逆説』税務経理協会（2008年)、『近代日本の自画像』信山社（2009年)、『学歴の経済社会学』信山社（2009年)、『指導者論』税務経理協会（2010年)、『アレンタウン物語』税務経理協会（2010年)、『市場経済の多様化と経営学』（共著）ミネルヴァ書房（2010年)、『アジアと日本』信山社（2010年)、『イノベーションの経済社会学』税務経理協会（2011年)、『巨大組織の寿命』信山社（2011年)、『タワーの時代』信山社（2011年)、『経営学講義』税務経理協会（2012年)、『瀬戸内造船業の攻防史』信山社（2012年)、『恐慌型経済の時代』信山社（2013年)、『田中角栄の政策構想』信山社（2013年)、『地域文化経済論』同文舘（2014年)、『福島後の日本経済論』同文舘（2015年)、『強者論と弱者論』信山社（2015年)、『地域経済社会学』同文舘（2016年)、『社歌の研究』同文舘（2017年)、『ストック文化経済論』信山社（2017年)、『中小企業の経営社会学』信山社（2018年)、『ソディの貨幣制度改革論』信山社（2018年)、『小さな企業の大きな物語』信山社（2019年)、『エイジングの経済社会学』信山社（2019年)、『財政危機の経済社会学』信山社（2020年)

神戸発展異論―もうひとつの地域経済論―

2021年（令和３年）11月20日　第1版第1刷発行

著　者　寺　岡　　寛
発行者　今　井　　貴
　　　　渡　辺　左　近
発行者　信山社出版株式会社

〒113-0033　東京都文京区本郷 6-2-9-102
電　話　03（3818）1019
ＦＡＸ　03（3818）0344

Printed in Japan

印刷・製本／亜細亜印刷・日進堂製本

ISBN978-4-7972-2807-6　C3333

事項索引

[あ行]

[か行]

［さ行］

［た行］

［な行］

［は行］

［ま行］

［や行］

［ら行］

［わ行］

人名索引

[は行]

[ま行]

[や行]

[ら行]